Staats-

und

völkerrechtliche Abhandlungen.

Begründet

von

Dr. Georg Jellinek und **Dr. Georg Meyer,**

herausgegeben

von

Dr. Georg Jellinek und **Dr. Gerhard Anschütz,**

Professoren der Rechte in Heidelberg.

IV. 4. Der Tatbestand der Piraterie nach geltendem Völkerrecht. Von Paul Stiel.

Leipzig,

Verlag von Duncker & Humblot.

1905.

Der

Tatbestand der Piraterie

nach geltendem Völkerrecht

unter vergleichender Berücksichtigung der Landesgesetzgebungen.

Von

Paul Stiel,

Doktor der Rechte.

Leipzig,

Verlag von Duncker & Humblot.

1905.

Herrn Geh. Oberregierungsrat

Professor Dr. F. von Martitz

in dankbarer Verehrung

gewidmet.

Inhaltsübersicht.

Dritter Abschnitt.

Folgerungen.

Verzeichnis der abgekürzt zitierten Literatur.

Baud, Proeve eener geschiedenis der strafwetgeving tegen de zeerooverij. Utrecht 1854.

Binding, Handbuch des Strafrechts. I. Band. Leipzig 1885.

Bishop, Commentaries on the criminal law. 7. Aufl. 2 Bände. Boston 1882.

Blackstone-Stephen, Commentaries on the laws of England. 14. Aufl., hrsg. von Edward Jenks. 4 Bände. London 1903.

Bluntschli, Das moderne Völkerrecht der zivilisierten Staaten als Rechtsbuch dargestellt. 3. Aufl. Nördlingen 1878.

Bonfils, Manuel de droit public. 4. Aufl., hrsg. von Fauchille. Paris 1905.

Bynkershoek, Quaestiones juris publici, 1737. (Opera omnia. Leyden 1767.)

Calvo, Le droit international théorique et pratique. 4. Aufl. 5 Bände. Paris 1887/88.

Dalloz, Répertoire de législation. Nouvelle édition. „Organisation maritime" in Band 34. Paris 1869.

Den Beer Poortugael, Het internationaal maritiem recht. Breda 1888.

Despagnet, Cours de droit international public. 3. Aufl. Paris 1905.

Field, Projet d'un code international. Aus dem Englischen übersetzt von Albéric Rolin. Paris 1881.

Fiore, Droit international public. 2. Aufl. Aus dem Italienischen übersetzt von Charles Antoine. 3 Bände. Paris 1885/86.

Fiore, Il diritto internazionale codificato. Turin 1900.

Grotius, De mari libero. 1609. Ausgabe Leyden 1633 zusammen mit Merula De maribus.

Grotius, De jure belli ac pacis libri tres. Editio secunda emendatior et multis locis auctior. Amsterdam 1631.

Hall, A treatise on international law. 5. Aufl. Oxford 1904.

Halleck, International law. Neue Ausgabe von Baker. 2 Bände. London 1878.

Heffter, Das europäische Völkerrecht der Gegenwart. 8. Aufl., hrsg. von Geffcken. Berlin 1888.

Hintrager, Die Behandlung der im Auslande begangenen Delikte nach dem Rechte Grofsbritanniens unter Berücksichtigung des Rechts der Vereinigten Staaten von Amerika. Zeitschr. f. intern. Privat- und Strafr. IX, 1899, S. 61 f.

v. Holtzendorff, Handbuch des Völkerrechts. 4 Bände. Hamburg 1885—1889.

Kenny, Outlines of criminal law. Cambridge 1902.

Kent, Commentary on international law. Hrsg. von Abdy. 2. Aufl. Cambridge 1877.

T. J. Lawrence, The principles of international law. 2. Aufl. London 1898.

T. J. Lawrence, A handbook of public international law. London 1898.

v. Liszt, Das Völkerrecht. 3. Aufl. Berlin 1904.

Loccenius, De jure maritimo et navali libri tres, 1651 (in Heineccius, Scriptorum de jure nautico et maritimo fasciculus. Halle 1740).

F. v. Martens, Völkerrecht. Aus dem Russischen übersetzt von Bergbohm. 2 Bände. Berlin 1883.

G. F. v. Martens, Précis du droit des gens. Hrsg. von Vergé. 2 Bände. Paris 1864.

G. F. v. Martens, Versuch über Kaper, feindliche Nehmungen und insonderheit Wiedernehmungen. Göttingen 1795.

v. Martitz, Internationale Rechtshilfe in Strafsachen. 2 Bände. Leipzig 1888, 1897.

Mommsen, Römisches Strafrecht. Leipzig 1899.

J. B. Moore, Report on extraterritorial crime and the Cutting case. Washington 1887.

Ortolan, Règles internationales et diplomatie de la mer. 2. Aufl. 2 Bände. Paris 1853.

Pardessus, Collection de lois maritimes antérieures au XVIIIe siècle. 6 Bände. Paris 1828—1845.

Penal Code of the United States. Report of the commission to revise and codify the criminal and penal laws of the United States. Washington 1901.

F. Perels, Das internationale öffentliche Seerecht der Gegenwart. 2. Aufl. Berlin 1903.
Phillimore, Commentaries upon international law. 3. Aufl. 4 Bände. London 1879 f.
Piédelièvre, Précis de droit international public. 2 Bände. Paris 1894/95.
Pistoye et Duverdy, Traité des prises maritimes. 2 Bände. Paris 1858.
Pradier-Fodéré, Traité de droit international public. 7 Bände. Paris 1885—1887.
v. Pufendorf, De jure naturae et gentium libri octo. Editio nova, auctior multo, et emendatior. Frankfurt a. M. 1694.
Rivier, Principes du droit des gens. 2 Bände. Paris 1896.
Roscoe, Digest of the law of evidence in criminal cases. 11. Aufl., hrsg. von Smith und Kennedy. London 1890.
Rougier, Les guerres civiles et le droit des gens. Paris 1903.
Russell, A treatise on crimes and misdemeanors. 6. Aufl. 3 Bände. London 1896.
Samios, Die Piraterie als völkerrechtliches Delikt. Greifsw. Diss. Greifswald 1899. Vgl. Anm. 2, S. 57.
Schuback, Commentarius de iure littoris. Hamburg 1751.
Senly, La piraterie. Pariser Thèse pour le doctorat. Paris 1902. Vgl. Anm. 5, S. 64.
J. F. Stephen, A digest of the criminal law. 6. Aufl., hrsg. von H. Stephen und H. L. Stephen. London 1904.
Triepel, Völkerrecht und Landesrecht. Leipzig 1899.
Travers Twiss, Monumenta juridica. The black book of the admiralty. 4 Bände. London 1871—1876.
Travers Twiss, The law of nations in time of peace. 2. Aufl. Oxford 1884 (zit. als Law of nations I).
Travers Twiss, The law of nations in time of war. 2. Aufl. Oxford 1875 (zit. als Law of nations II).
Ullmann, Völkerrecht. Freiburg i. Br. 1898.
Vattel, Le droit des gens. Hrsg. von Pradier-Fodéré. 3 Bände. Paris 1863.
Walker, The science of international law. London 1893.
Walker, A manual of public international law. Cambridge 1895.
Wharton, A treatise on criminal law. 10. Aufl. 2 Bände. Philadelphia 1896.
Wharton, A digest of the international law of the United States. 2. Aufl. 3 Bände. Washington 1887.

W h e a t o n, Éléments du droit international. 5. Aufl. 2 Bände. Leipzig 1874.

Th. D. W o o l s e y, Introduction to the study of international law. 6. Aufl., hrsg. von Th. S. Woolsey. New York 1891.

Th. S. W o o l s e y, The right of search and its limitation in time of peace. Lecture delivered at the U. S. Naval War College. Washington 1896.

N.R.G. = Martens, Nouveau Recueil Général.
Rev. gén. = Revue générale de droit international public.
R.G.Bl. = Reichsgesetzblatt.
St.G.B. = Strafgesetzbuch.

Erster Abschnitt.

Die völkerrechtlichen Rechtsfolgen der Piraterie in ihrer Bedeutung für den Tatbestand.

§ 1. Die Rechtsfolgen der Piraterie.

Bekennt man sich zu der Auffassung, dafs Rechtssubjekte des Völkerrechts nur die Staaten sind, so ist die Piraterie für das internationale Recht nicht Delikt, sondern ein blofses Rechtsereignis [1]; und ihre Rechtsfolgen können in dieser Voraussetzung nur in der Person der Staaten entstehende Befugnisse und Pflichten sein. Das Ziel dieser Untersuchung ist, zu ermitteln, wie dieses Ereignis beschaffen sein müsse, damit es zu einem völkerrechtlichen Rechtsereignis werde, d. h. Rechtsfolgen für die Staaten eintreten. Die Rechtsfolgen selbst interessieren nur, soweit ihre Erkenntnis für die Bestimmung des Tatbestandes von Bedeutung ist.

I. Der grofsen Aufgabe, zur Förderung ihrer Angehörigen wie zur Durchführung dringender Anforderungen der öffentlichen Moral auch in staatlosen Gebieten eine Rechtsordnung aufzurichten, ist die in der Völkerrechtsgemeinschaft vereinigte Staatenwelt in steigendem Mafse gerecht geworden. Die rechtlichen Grundlagen der in dieser

---

[1] Über die Frage der Duldung oder Ausübung der Piraterie durch Staaten, s. u. §§ 6 und 12. Über das Verhältnis der Piraterie zu den „Delikten wider das Völkerrecht“, s. § 8 III.

Hinsicht getroffenen Mafsregeln sind für die in Frage stehenden Gebiete nicht dieselben.

a) In staatlosem Landgebiet stehen der Betätigung der einzelnen Staatsgewalten keine aus den Verhältnissen der staatlosen Gebiete selbst abzuleitenden Hindernisse entgegen. Tatsächliche Machtentfaltung wie auch die Ausdehnung der Geltung der Gesetze sind lediglich durch mit dem besonderen Charakter des Gebietes nicht zusammenhängende allgemeine völkerrechtliche Prinzipien gebunden [1]. Diese Sätze gelten auch für Interessensphären [2].

---

[1] Die tatsächliche Ausdehnung der Jurisdiktion über herrenlose Gebiete kann hier nicht in extenso dargestellt werden. Sie ist nicht aufser Zusammenhang mit dem Gegenstande unserer Untersuchung (piratische Akte an staatlosen Küsten, s. u. § 9). Der Rechtszustand ist noch sehr unvollkommen. Vgl. v. Martitz Rechtshilfe I, S. 69, N. 17; neuere englische Gesetzgebung bei Hintrager, Z. f. int. Pr. u. Strafr. IX, S. 75 f.; neuerdings französisches Dekret vom 28. Februar 1901, réglementant au point de vue administratif et judiciaire la situation des citoyens français établis dans les îles et terres de l'océan pacifique ne faisant pas partie du domaine colonial de la France et n'appartenant à aucune autre puissance civilisée, auf Grundlage des Gesetzes vom 30. Juli 1900, s. Annuaire de législation française 20, S. 134 f. (das Dekret dehnt die Strafgerichtsbarkeit über die Untertanen auf délits und contraventions aus); für Deutschland ist durch § 77 des Kons.-Ger.-Ges. vom 7. April 1900 eine Änderung eingetreten; während früher die Geltung des § 4, Abs. 2, Nr. 3 St.G.B. für staatloses Gebiet sehr bestritten war (dafür u. a. Binding, Handb. d. Strafr. I, S. 436; v. Liszt, Lehrb. d. Strafr., 10. Aufl. 1900, S. 89; in der 5. Aufl. seines Lehrbuchs d. Strafr., 1895, S. 122 auch Hugo Meyer; dagegen Olshausen Kommentar z. Strafgesetzb. § 4, N. 16; v. Martitz Rechtshilfe I, S. 69, N. 17), bildet nunmehr § 77 einen sicheren Beweis für die Anwendbarkeit (so richtig v. Liszt, Lehrb. d. Strafr., 14. und 15. Aufl. 1905, S. 108, N. 9 und Binding Grundr. d. Strafr., Allgem. Teil, 6. Aufl. 1902, S. 79); unrichtig Finger, Deutsch. Strafr. I 1904, S. 170, nach dem eine berichtigende Auslegung des § 4 St.G.B. durch § 77 K.G.G. verhindert sein soll, da dieser dem richtigen Grundsatze eine ausnahmsweise Geltung für Konsulargerichte beilege und dadurch seine allgemeine Anwendung ausschliefse; danach stände dem in staatlosem Gebiet zum Verbrecher gewordenen Deutschen die Rückkehr in die Heimat frei, während er in China oder Persien dem deutschen Richter verfiele; und für Verbrechen, die zur Zuständigkeit der Schwurgerichte oder des Reichsgerichts gehören, ginge er überhaupt frei aus; § 77 kann nur eine die Regel bestätigende, nicht eine exzeptionelle Bestimmung darstellen.

[2] Siehe aber deutsch-englisches Abkommen vom 1. Juli 1890, Art. VII (N.R.G. 2. sér. 16, S. 894): „Jede der beiden Mächte übernimmt die Verpflichtung, sich jeglicher Einmischung in diejenige Interessen-

b) Dem dringenderen Bedürfnis entsprechend ist die internationale Rechtsordnung für das Meer zu einer ungleich geschlosseneren Ausgestaltung gelangt. Ihre Grundlage ist nicht, wie bei der auf staatlosem Landgebiet errichteten, eine rein negative, dahin gehend, dafs der Entfaltung der Staatsgewalt zivilisierter Staaten keine Schranken gezogen wären, vielmehr ein positives Prinzip, das jede Gebietshoheit ausschliefst und so das Meer für ein „staatloses Gebiet" durchaus eigner Art erklärt[1]. Auf dieser Grundlage, als Konsequenz des Prinzips der Meeresfreiheit, ergibt sich sodann eine zweifache Verpflichtung der Staaten; sie haben insgesamt Sorge zu tragen, dafs nur staatsangehörige Schiffe das Meer befahren; und jeder einzelne hat zu verhindern, dafs seine Nationalschiffe die allgemeine Sicherheit verletzen oder gefährden.

Man könnte versucht sein, in diesen Grundsätzen ein geschlossenes System zu erblicken, ausreichend, den friedlichen Seeverkehr in allen Beziehungen zu sichern. Aber der Ozean in seiner unermefslichen Weite, „undique et undique navigabilis" (Grotius mare liberum C. 1), läfst dem einzelnen Staate nicht die Möglichkeit, seine Staatsgewalt den ihm angehörigen Schiffen als eine allgegenwärtig

---

sphäre zu enthalten, welche der anderen durch Art. I—IV des gegenwärtigen Abkommens zuerkannt ist;" so auch Art. V des deutsch-englischen Abkommens vom 15. November 1893 (N.R.G. 2. sér. 20, S. 276). Und andererseits den deutsch-niederländischen Vertrag vom 21. September 1897 (R.G.Bl. 1897, S. 747), dessen Art. 2 eine Auslieferungspflicht für die Interessensphären begründet. Es handelt sich hier um einzelne vertragsmäfsige Festsetzungen, die nach den beiden Richtungen des Ausschlusses fremder Staatsgewalt von der Ausübung von Hoheitsrechten wie der Begründung einer völkerrechtlichen Verantwortlichkeit des privilegierten Staates die Interessensphäre dem Staatsgebiet annähern.

[1] Damit erschöpft sich der Inhalt der Meeresfreiheit nicht. Die Zulassung aller Nationen zur Nutzung des Meeres (vornehmlich zu Schifffahrt und Fischerei) ist ein Satz von selbständiger Bedeutung, der die Staaten, über den Ausschlufs tatsächlicher Machtentfaltung hinaus, auch in der Ausgestaltung ihrer Gesetzgebung in gewissen Punkten beschränkt. Von ihm hat das ganze Prinzip seinen Ausgang genommen; für Hugo Grotius (mare liberum) handelte es sich im wesentlichen nur um die Freiheit des Verkehrs für alle Nationen.

wachende und strafende Macht erscheinen zu lassen; und wenn schon bei Nationalschiffen aus tatsächlichen Gründen der aufgestellte Grundsatz nicht ausreicht, so ist, was die keinem Staate angehörigen Fahrzeuge betrifft, der Grundsatz selbst etwas prekärer Natur und zumal in seiner Durchführung im einzelnen sehr unsicher.

So erklärt sich das Bestehen einer Reihe von Rechtsinstituten, die sich in ihrer praktischen Bedeutung, wenn auch nicht notwendig in ihrer juristischen Konstruktion, als Modifikationen der Meeresfreiheit darstellen, in Modifikation derselben ein System internationaler Seepolizei etablieren. Mit einer Ausnahme gehören sie alle der neuesten Zeit an und finden ihre Grundlage in Verträgen[1]. Die Ausnahme ist die Piraterie[2 und 3].

II. „Die seefahrenden Nationen ... erklären sich zur Repression der unter dem Namen der Piraterie begriffenen Tatbestände rechtlich verpflichtet“ (v. Martitz, Int. Rechtshilfe I, S. 66). Dieser Satz enthält einen Grundsatz, einen leitenden Gedanken; welches der genaue Umfang der Befugnisse und Pflichten der Staaten in der Bekämpfung der Piraterie sei, bedarf näherer Untersuchung. Es wird

---

[1] Sie betreffen die Fischerei in der Nordsee; den Branntweinhandel unter den Nordseefischern; den Robbenschutz; den Schutz der unterseeischen Telegraphenkabel; und namentlich die Unterdrückung des Sklavenhandels. Es stehen hier nur solche Vereinbarungen in Frage, die eine Befugnis zu tatsächlicher Machtentfaltung gegen fremde Schiffe statuieren.

[2] Das Recht der Nacheile, droit de poursuite (s. Perels int. öff. Seer., S. 59) über die Küstengewässer hinaus ist keine Einrichtung der internationalen Seepolizei.

[3] Die Etymologie des Wortes ist unsicher. Man findet es zurückgeführt auf

1. *περᾶν* durchreisen, durchfahren (Stephanus, Thesaurus Linguae Graecae „*Πειρατής*“);

2. *πειρᾶν* versuchen; entweder in dem Sinne von *πειρᾶν τὴν θάλασσαν*, sein Glück auf dem Meere versuchen (so z. B. Perels int. öff. Seer., S. 108); oder gleich: begegnende Schiffe angreifen, „versuchen“ (in diesem letzteren Sinne die Wörterbücher von Pape und Passow);

3. *πεῖρα* Versuch, dann auch List, Betrug (so Dan, Histoire de Barbarie, 2. Aufl. 1649, S. 9; Stephanus a. a. O.).

sich sofort zeigen, dafs die Stellungnahme zu dieser Frage in sehr wesentlichen Punkten der Bestimmung des Tatbestandes präjudiziert.

1. Festnahme von Piratenschiffen. Ihre Denationalisierung. Dafs die seitens ihrer Regierung dazu ermächtigten Schiffe aller Nationen das Recht haben, Piratenschiffe aufzubringen, ist eine nirgends bezweifelte Tatsache[1]. Bestände dieses Recht nicht, so wäre die Piraterie für das Völkerrecht ohne jede Bedeutung.

Nur ein Autor ist uns bekannt geworden, der in radikaler Weise mit der herkömmlichen Anschauung bricht. Es ist Albert Zorn (Völkerrecht, 2. Aufl. 1903, S. 169): „Dagegen ist der Seeraub (die Piraterie) nicht ohne weiteres in der Weise strafbar, dafs jeder Staat das Recht hat, jedes Piratenschiff, gleichviel welcher Nationalität Schiff oder Eigentümer angehört, anzuhalten oder aufzugreifen. Vielmehr ist infolge des Prinzips von der Freiheit des offenen Meeres die für jeden Staat erforderliche Rechtsgrundlage hierfür nur dann gegeben, wenn der Täter ein Staatsangehöriger oder die Tat innerhalb des Staatsgebiets, sei es auf einem Schiffe des betreffenden Staates oder auf einem fremden Schiffe im Küstenmeer, begangen ist oder die Strafbarkeit auf einem Staatsvertrage beruht;" (dazu N. 2): „Das ergibt sich auch schon daraus, dafs dem ‚völkerrechtlichen Verbote' z. B. für Deutschland jede

[1] Die Beibringung von Belegen erübrigt sich. Statt aller anderen: Erklärung der Generalstaaten von 1667 (Bynkershoek Qu. i. p. L. I C. XVII), die, wenn sie auch nur von der Bestrafung spricht, doch die Zulässigkeit der Festnahme voraussetzt: „eum [der Pirat] puniri posse a quocunque Principi, in cuius potestatem fuisset redactus, eiusque rei quam plurima etiam exstare exempla;" derselben Ansicht gaben Frankreich und England Ausdruck (Bynkershoek a. a. O.). Und namentlich die geltenden Instruktionen für die Kriegsmarinen: deutsche „Bestimmungen für den Dienst an Bord" vom 21. November 1903, § 23, Nr. 11 A a; deutsche Instruktion „in Betreff der Unterdrückung der Seeräuberei in den chinesischen Gewässern" vom 20. August 1877, Nr. II; Queens Regulations von 1899, Nr. 450; amerikanische Rev. Stat. (1874), s. 4294 und 4298. Darüber, ob auch Handelsschiffe zur Aufbringung von Piraten ermächtigt werden können, s. u. § 6 IV, 4.

Möglichkeit wirksamer Durchführung infolge Mangels einer Strafandrohung fehlt" (vgl. auch Philipp Zorn, Staatsrecht II, 2. Aufl. 1897, S. 927). Dieser Ausführung kann der Vorwurf einer gewissen Oberflächlichkeit nicht erspart bleiben. Die sehr zutreffende Bemerkung, dafs nach geltendem Rechte tatsächlich nicht jeder Staat die Kompetenz zur Aburteilung eingebrachter Piraten habe, ist schon oft gemacht worden; aber daraus den Schlufs zu ziehen, dafs die Piraterie überhaupt ohne völkerrechtliche Bedeutung sei, ist nur bei einer Konfundierung der vollkommen disparaten Fragen möglich, wie weit sich die Gerichtsbarkeit eines Staates erstrecke und unter welchen Voraussetzungen er zur Festnahme eines Schiffes auf hoher See schreiten dürfe. Auch im Falle des Einschreitens eines deutschen Kriegsschiffes etwa auf Grund des Nordsee-Fischereivertrages oder der Kabelkonvention ist die Möglichkeit der Strafverfolgung in Deutschland nur in den (auch für die Verfolgung von Piraten geltenden) Schranken der §§ 3—8 St.G.B. gegeben[1], ohne dafs dadurch die Zulässigkeit des Eingriffs irgendwie berührt würde. Wenn vielen Staaten nach Lage ihrer Gesetzgebung die Zuständigkeit zur Bestrafung von Piraten in gewissen Fällen mangelt, so ist deshalb die Aufbringung der Piratenschiffe durch sie keine unnütze Bemühung, es sei denn, es bestehe nicht die Möglichkeit der Auslieferung an irgend einen zuständigen Staat, ein denkbarer aber sehr unpraktischer Fall. Dafs in Ergänzung der fehlenden eigenen Zuständigkeit des Staates eine Auslieferungsverbindlichkeit besteht[2], ist ein Gesichtspunkt, der Zorn entgangen zu sein scheint.

---

[1] Die deutschen Ausführungsgesetze zu dem Nordsee-Fischereivertrag (Reichsgesetz vom 30. April 1884, R.G.Bl. 1884 S. 48) und zu der Kabelkonvention (Reichsgesetz vom 21. November 1887, abgedruckt in Martens N.R.G. 2. sér. 15, S. 71) enthalten keine die §§ 3—8 St.G.B. abändernden Bestimmungen (anders das aus Anlafs der Brüsseler Generalakte ergangene Gesetz betreffend die Bestrafung des Sklavenraubes und des Sklavenhandels vom 28. Juli 1895, § 5; bei Martens N.R.G. 2. sér. 24, S. 624).

[2] Vgl. namentlich v. Martitz Rechtshilfe I, S. 136.

Unter der Einmütigkeit, mit der die Zulässigkeit der Aufbringung der Piratenschiffe anerkannt wird, verbirgt sich nun aber eine tiefgehende Meinungsverschiedenheit über die Tragweite dieser Anerkennung. Veranlaſst durch die Notwendigkeit, den in Verkennung des Wesens der Piraterie vielfach übermäſsig ausgedehnten Tatbestand zu restringieren, hat man behauptet, Pirat sei nur ein solches Schiff, „das völkerrechtlich betrachtet keinem Staate angehört“ (v. Liszt, Völkerrecht, S. 211)[1]. Es ist das im Grunde eine Frage des Tatbestandes der Piraterie, nicht der Rechtsfolgen; wenn sie gleichwohl hier ihre Behandlung findet, so rechtfertigt sich das daraus, daſs, wenn die von v. Liszt vertretene Auffassung richtig ist, die Piraterie zu einem Tatbestand ohne selbständige Rechtsfolge würde, wonach die weitere Darstellung einen ganz anderen Weg einzuschlagen hätte. Ein keinem Staate angehörendes Schiff kann aus dem bloſsen Grunde seiner Anationalität aufgebracht werden (s. u. 4). Die Bedeutung der Piraterie besteht wesentlich darin, daſs sie die Maſsregel auch gegenüber nationalen Schiffen ermöglicht. Vor näherem Eingehen auf die Kontroverse soll eine Präzisierung derselben versucht werden.

Eines der wesentlichsten Elemente des subjektiven Tatbestandes der Piraterie ist die Lösung des Piratenschiffes von jedem anerkannten staatlichen Verbande in einem noch näher zu bestimmenden beschränkten Sinne (gewerbsmäſsiges, sozialgefährliches Unternehmen ohne politischen Zweck). Diese Lösung ist ein rein tatsächlicher Vorgang, ein Ereignis in der Psyche der betreffenden Personen. Von ihr, die man als faktische Denationalisierung bezeichnen könnte,

---

[1] Als übereinstimmend ist nur eine recht krause Ausführung Geffckens anzuführen, bei Heffter, § 104, N. 2: „Ein Seeräuber, der auf hoher See gegen fremde Personen oder fremdes Eigentum Gewalt übt, ohne dazu von einer bestimmten Staatsgewalt ermächtigt zu sein, hat keine Nationalität, da keine Regierung ein solches Verbrechen erlauben wird, kann also nur betrügerischer Weise Schiffspapiere erhalten haben und eine Flagge nur durch Usurpation führen.“

ist die infolge der Piraterie eintretende rechtliche Denationalisierung streng zu scheiden. Diese letztere bedeutet eine Lockerung des rechtlichen Bandes, das das Schiff und seine Besatzung mit dem Heimatlande verbindet; und zwar denkt bei ihr die kontinentale Auffassung in erster Linie an die rechtliche Lösung des Schiffes vom Heimatsstaate (rechtliche Denationalisierung des Schiffes), die englisch-amerikanische an die Lösung des Bandes zwischen Staat und Untertan (rechtliche Denationalisierung der Besatzung). Faktische und rechtliche Denationalisierung stehen im Verhältnis von Tatbestand und Rechtsfolge. Im Gegensatz hierzu betrachtet v. Liszt die rechtliche Denationalisation als ein Tatbestandsmerkmal, eine Voraussetzung der Piraterie.

Der Grund der v. Liszt'schen Anschauung wird in einem durchaus zutreffenden Gedanken zu suchen sein, dem v. Liszt folgenden Ausdruck verleiht (S. 211): „Wenn die Besatzung eines deutschen Schiffes auf offener See eine Gewalttat begeht, also etwa ein Fischerboot anhält und ausplündert, so tritt ausschliefslich die deutsche Gerichtsbarkeit ein; die Tat ist nicht Seeraub im Sinne des Völkerrechts.“ Aber so berechtigt dieser Gedanke ist, so nötigt er doch keineswegs, die juristische Denationalisation zum Tatbestandsmerkmal zu erheben. Ist man von der Unmöglichkeit der verbreiteten Meinung überzeugt, die in einem einzelnen Gewaltakt eines Schiffes den alle Nationen zum Einschreiten berechtigenden Tatbestand der Piraterie sieht, so wäre zunächst einmal in eine Prüfung der juristischen Haltbarkeit dieser Ansicht einzutreten. Demgegenüber geht v. Liszt in der Weise vor, dafs er unter Beibehaltung der unhaltbaren grundsätzlichen Auffassung in einem anderen Punkte eine Restriktion des Tatbestandes vornimmt, durch die das gewünschte Ziel erreicht, zugleich aber das ganze Rechtsinstitut seiner Bedeutung beraubt wird.

Diese Überlegung beseitigt nicht die Notwendigkeit, die Behauptung, dafs die juristische Denationalisierung lediglich Rechtsfolge der Piraterie ist, positiv zu erweisen. Es genügt jedoch zu diesem Behufe auf die Übereinstimmung der Literatur[1], der Staatenpraxis, wie sie den Instruktionen für die Kriegsmarinen zu entnehmen ist[2], sowie auch der Landesstrafgesetzgebungen[3] hinzuweisen (über den Wert der letzteren für die Ermittelung des völkerrechtlichen Tatbestandes s. u. § 5).

In einem Teile der Literatur findet man den Gedanken der Denationalisierung als Rechtsfolge in der Form ausgedrückt, daſs zunächst das Erfordernis der Anationalität des Piratenschiffes aufgestellt wird, alsbald aber die Anmerkung folgt, daſs, sofern das Schiff eine Nationalität besessen, es sie durch die Ausübung der Piraterie verloren habe[4]. Diese etwas irreführende Darstellung ist dadurch

---

[1] Perels, int. öff. Seer., S. 109, 112; Hartmann, Institutionen d. prakt. Völkerr., 2. Aufl. 1878, S. 204; Heilborn, System d. Völkerr. 1896, S. 220; Samios, S. 47; Pradier-Fodéré, § 2491 a. E.; Bonfils, § 594; Piédelièvre I, S. 578, 581; Despagnet, S. 523; Calvo, § 495; u. a. m. (s. auch u. Anm. 4). Die Engländer heben in ihren Darstellungen regelmäſsig nur die ihnen besonders wichtige Denationalisierung der Personen hervor, ohne deshalb die Denationalisation des Schiffes zu übersehen, vgl. z. B. Wheaton I, S. 142, 143; Wharton Crim. L., § 1864; Halleck II, S. 276; Walker Science, S. 131.

[2] Bestimmungen f. d. Dienst an Bord von 1903, § 23, Nr. 22: „Jeder Kommandant hat das Recht, ein seeräuberisches Schiff, unabhängig von der Flagge, die es führt, aufzubringen.“ Ebensowenig setzen die Queens Reg. von 1899, Nr. 450 und die amerik. Rev. Stat. von 1874, s. 4294 und 4298, Flaggenlosigkeit voraus. Sehr deutlich auch die deutsche Instruktion von 1877, Nr. IV.

[3] Ausdrückliche Hinweisungen auf Piraterie nationaler Schiffe finden sich im franz. Gesetz von 1825, Art. 2; ital. Codice p. l. mar. merc., Art. 320 („Se una nave con bandiera nazionale, o senza carte di bordo etc.“); wie Italien mexik. St.G.B., Art. 1127 I. Selbstverständlich kann es sich nur um Bestimmungen handeln, die die Piraterie im Sinne des Völkerrechts treffen wollen. Auch der Quintuplevertrag ist anzuziehen; er proklamiert den Sklavenhandel für Seeraub, obwohl er sich vornehmlich auf nationale Schiffe bezieht.

[4] Den Beer Poortugael, S. 180, 181: „Het schip moet varen zonder of met eene geüsurpeerde vlag;“ aber: „Omgekeerd hebben een zeeroover en zijn schip geen nationaliteit. Die zij hadden, gingen door de daad van zeeroof verloren.“ Ortolan, S. 234, 235: „S'ils en [nationalité] avaient une originairement, ils l'ont perdue par leur crime et se trouvent ainsi dénationalisés.“ So auch Nys, Le droit international II 1905, S. 146. Bluntschli, § 350, hat eine mit dem oben im Texte zitierten

ermöglicht, dafs die Denationalisierung, eine Rechtsverwirkung, eine mit dem Eintritt des Tatbestandes unmittelbar gegebene Rechtsfolge ist.

Im vorigen sind die Bezeichnungen „anationale Schiffe" und „denationalisierte Schiffe" promiscue gebraucht. Für unseren Zweck ist das angängig. Denn die Piraterie löst die Verbindung des Schiffes mit seinem Heimatstaate völlig; beide Seiten des Verhältnisses fallen weg[1]; nicht nur wird dem Schiffe der Schutz des Staates entzogen, so dafs es dem Zugriff jeder Macht unterliegt, sondern es wird auch der Heimatstaat von seiner Verantwortlichkeit für den Bestand einer gesicherten Rechtsordnung an Bord befreit[2]. Von dieser zweiten, weniger bedeutsamen Seite des Verhältnisses ist abgesehen, wenn als Folge der Piraterie lediglich das Recht zur Aufbringung des Piratenschiffes angegeben wird.

2. Von erheblich geringerer Bedeutung für die Ermittelung des Tatbestandes der Piraterie ist die an sie als

---

Satze v. Liszts betreffend Gewalttaten eines deutschen Schiffes auf hoher See fast wörtlich übereinstimmende Ausführung. Er begründet sie aber — sehr zutreffend — mit dem Mangel der faktischen Denationalisierung (§ 350 Note).

[1] Es gibt auch abgesehen von der Piraterie zahlreiche Fälle, im Frieden und im Kriege, in denen ein Staat gegenüber fremden Schiffen Hoheitsrechte ausüben darf. Während aber hier immer der Umfang des Zulässigen aufs genaueste abgegrenzt ist, in allem übrigen die Unterwerfung des Schiffes lediglich unter die heimatliche Staatsgewalt bestehen bleibt, befinden sich dem denationalisierten Piratenschiffe gegenüber die Mächte in völliger Freiheit, auch solche Hoheitsakte vorzunehmen, die mit der Repression der Piraterie keinen Zusammenhang haben. Das liegt schon in dem Ausdruck „Denationalisierung", vgl. Pradier-Fodéré, § 2504: „On ne conçoit pas qu'il soit possible d'être dénationalisé partiellement."

[2] Siehe auch unten § 12. Die juristische Konstruktion des Vorganges ist einfach: eine Pertinenz verliert ihren Pertinenzcharakter. Sie ist freilich sehr viel schwieriger, wenn man das Schiff als schwimmenden Gebietsteil des Heimatstaates fingiert. Das spricht aber nicht gegen die Richtigkeit des im Texte Ausgeführten, sondern ist ein — wenig beachteter — Grund gegen die Brauchbarkeit der Fiktion. Die ganze Kontroverse, ob Gebiet oder nicht, ist natürlich nur eine Frage der Konstruktion (Hall, S. 248: „A difference of opinion exists as to the theoretical ground upon which the jurisdiction of the state [über das nationale Schiff] ought to be placed").

Rechtsfolge geknüpfte Pflicht der Staaten, das Piratenschiff festzunehmen[1]. Diese Pflicht ist eine völkerrechtliche Pflicht der Staaten, nicht natürlich der Kriegsschiffe[2] oder gar der Handelsschiffe[3]. Die Art der Erfüllung der Pflicht ist eine rein landesrechtliche Angelegenheit. Deutschland wird ihr in der Weise gerecht, daſs es seinen Kriegsschiffen die Befugnis zum Einschreiten gegen Piraten gibt[4]; diese Befugnis in Verbindung mit den allgemeinen Dienstpflichten des Offiziers begründet in geeigneten Fällen eine (dem innerstaatlichen Rechte angehörende) Pflicht zur Festnahme.

3. Eine mit den behandelten, sich auf das unmittelbare Vorgehen gegen das Piratenschiff beziehenden Rechtsfolgen der Piraterie aufs engste zusammenhängende Repressivmaſsregel ist die Durchsuchung piraterieverdächtiger Schiffe. Die Behandlung des Punktes bringt zugleich die Entscheidung über eine Frage des Tatbestandes (siehe 4).

Die Existenz eines solchen Durchsuchungsrechtes wird, soviel wir sehen, nicht bestritten. Dafür spricht nicht allein seine Notwendigkeit und die allgemeine Zustimmung der Literatur[5], auch der französischen[6], sondern auch die

---

[1] Sie ist schon bei Grotius anerkannt, de iure belli ac pacis II, XVII, 20 („ex neglectu tenentur reges ac magistratus, qui ad inhibenda latrocinia et piraticam non adhibent ea quae possunt ac debent remedia"); ferner bei Pufendorf L. VIII, C. VI, § 12; Loccenius, S. 970, präzisiert die Maſsregeln, die unter den damaligen Verhältnissen ergriffen werden müssen („Ex neglectu ergo tenentur magistratus, si . . . suas naves praesidiarias, et excursorias ad explorandum maris securitatem, ad purgandum illud a piratis, in mari non habeant"). Ferner bei v. Martitz Rechtshilfe I, S. 66; Bluntschli, § 343, N. 1; Pradier-Fodéré, § 2491 a. E.; Piédelièvre I, S. 580; Fiore II, § 733 f.; Woolsey Right of search, S. 16; Perels int. öff. Seer., S. 114; u. a. m.

[2] Wie z. B. Perels int. öff. Seer., S. 114, Pradier-Fodéré, § 2495, Woolsey Right of search, S. 19, meinen.

[3] So z. B. Wheaton I, S. 142. Näheres s. u. § 6 IV, 4.

[4] Bestimmungen für den Dienst an Bord von 1903, § 23, Nr. 22; Instruktion von 1877, Nr. II.

[5] Bluntschli, § 344; Gareis bei Holtzendorff II, S. 578, Nr. 3; Perels int. öff. Seer., S. 114; F. v. Martens II, S. 239; Lawrence Principles, S. 395; Woolsey Right of search, S. 17; Fiore Dir. int. codificato, § 832.

[6] Es handelt sich um die Feststellung des wahren Charakters eines piraterieverdächtigen Schiffes. Sie wird allgemein als zulässig anerkannt;

Staatenpraxis, wie sie namentlich in den neuen deutschen „Bestimmungen für den Dienst an Bord“ nunmehr klar erkennbar ist[1]. Ob und unter welchen Umständen bei Nichtbestätigung des Verdachtes der Staat bezw. der Kommandant ohne Verschulden verantwortlich sind, kommt hier nicht in Betracht, da jedenfalls nur ein Fall der Genugtuungs- bezw. Ersatzpflicht für eine rechtmäfsige Handlung vorliegen würde[2].

4. In Betrachtung der Rechtsfolgen der Piraterie, soweit sie die unmittelbare Anwendung staatlicher Zwangsgewalt auf dem Meere betreffen, erweist sich eine zuweilen beliebte Ausdehnung ihres Tatbestandes als unhaltbar. Man sagt, Schiffe, die keinem Staate angehören, seien der Piraterie verdächtig, oder nach Analogie der Piratenschiffe zu behandeln[3]. Die Unrichtigkeit dieser Gleichstellung ergibt sich aus der Verschiedenheit der in beiden Fällen zur Anwendung gelangenden Mafsregeln, der Rechtsfolgen.

---

doch veranlafst das Gespenst des „droit de visite“ zu mancherlei Verklausulierungen, wobei die Unsicherheit des Sprachgebrauches (droit d'enquête de pavillon, de visite, de recherche) wohl auch zu Unklarheiten Anlafs gibt. Vgl. z. B. Ortolan I, S. 264; Duboc, Le droit de visite et la guerre de course Paris 1902, S. 5; Morse, Journ. d. dr. int. pr. 25 (1898), S. 825 f. Ohne alle Einschränkung Pradier-Fodéré, § 2500; Bonfils, § 592.

[1] § 23, Nr. 23; früher schon die Instruktion von 1877, Nr. IV. Erwähnenswert ist die Vermutung Pardessus' (II, S. LXXVII und LXXVIII), wonach das Gesetz König Johanns aus dem Jahre 1201, das Selden zum Beweise des alten dominium maris Englands diente, als Mafsregel zur Bekämpfung der Piraterie zu verstehen sei.

[2] Den Seeoffizier, der nach der gewöhnlichen Meinung „between duty and damages is between the devil and the deep sea“ (Woolsey, Right of search, S. 17), will Lawrence, Principles, S. 395 nur für „an inexcusable mistake“ verantwortlich machen; vgl. auch Pradier-Fodéré, § 2500.

[3] Perels Handb. d. deutschen öffentlichen Seerechts, 1884, S. 63; Negropontes Zuständigkeit der Staaten für die auf dem Meere begangenen Delikte 1894, S. 16; Ortolan I, S. 179; Stoerk bei Holtzendorff II, S. 521 („Ihr Antreffen auf hoher See begründet zum mindesten juristisch die Vermutung des rechtswidrigen Verhaltens“); und besonders die Erklärung Lord Palmerstons 1849, die deutschen Kriegsschiffe würden, wenn keine bestehende Staatsgewalt sie als unter ihrer Staatshoheit handelnd anerkenne, wie Seeräuber behandelt werden (Bär, die deutsche Flotte 1848—1852 nach den Akten der Staatsarchive zu Berlin und Hannover, 1898, S. 229).

Die Staaten sind zwar verpflichtet, das Meer von flaggenlosen Schiffen frei zu halten[1], und ihrem Einschreiten steht so wenig ein völkerrechtliches Hindernis entgegen wie dem gegen Piraten; aber wenn schon der Charakter des Einschreitens im Falle bloſser Flaggenlosigkeit ein präventiver, im Falle der Piraterie ein repressiver ist, so tritt der Unterschied vollends hinsichtlich der Prüfung seiner Voraussetzungen zutage. Ein Visitationsrecht in Friedenszeiten gibt es nur zum Zwecke der Unterdrückung der Piraterie; der bloſse Verdacht der Anationalität ist nicht ausreichend, irgendeine Zwangsmaſsregel nationalen Schiffen gegenüber zu rechtfertigen[2].

Wenn aber auch die völkerrechtliche Behandlung flaggenloser Schiffe und der Piratenfahrzeuge differiert und, wie schon daraus zu schlieſsen ist, die Tatbestände verschieden sind, so ist doch zuzugeben, daſs die beiden Erscheinungen praktisch oft nicht zu trennen sind. Die Vermutung der Piraterie ist allerdings bei einem flaggenlosen Schiffe, wenn nur noch geringfügige erschwerende Momente hinzutreten, wohl begründet (s. auch u. § 8). Aber um so schärfer muſs daran festgehalten werden, daſs sie durch Flaggenlosigkeit allein nicht gerechtfertigt ist. Es handelt sich doch praktisch weit mehr um Schiffe zivilisierter Völker, die aus einem politischen Grunde nicht des Schutzes einer völkerrechtlich anerkannten Autorität teilhaftig sind, als um die Kähne wilder und halbwilder Stämme oder die

---

[1] Auſser den in Anm. 3, S. 12 gegebenen Belegen sind etwa noch zu nennen Perels int. öff. Seer., S. 45; Boyens-Lewis deutsches Seerecht I (1897), S. 114; Wagner, Handb. d. Seerechts (1884), S. 153; Rougier, S. 296; und die Bestimmungen der Brüsseler Generalakte vom 2. Juli 1890 (Art. 30—41; 51: „s'il résulte de cette enquête qu'il y a eu usurpation de pavillon, le navire arrêté restera à la disposition du capteur").

[2] Seit dem endgültigen Verzicht Englands auf das droit d'enquête de pavillon 1858 (s. v. Martitz Arch. f. öff. R. I, S. 92, N. 46) ist dies nicht mehr zweifelhaft. Art. 42 und 45 der Brüsseler Generalakte lassen unter näher bezeichneten Voraussetzungen bei Verdacht miſsbräuchlicher Führung einer Flagge die Durchsuchung zu, eine vertragsmäſsige Sonderbestimmung.

Fahrzeuge auf eigene Faust die See durchschwärmender Abenteurer; und auch die Gegner werden kaum geneigt sein, mit Lord Palmerston (s. o. S. 12, Anm. 3) die deutsche Flotte der Revolutionszeit als eine Piratenflotte zu betrachten.

III. Eine der auffälligsten Erscheinungen in der Literatur über die Piraterie ist die Verschiedenheit der systematischen Stellung, die die Lehre in den Darstellungen der kontinentalen und der englisch-amerikanischen Völkerrechtsschriftsteller gefunden hat. Das kontinentale System bringt sie im Zusammenhang der Behandlung der Rechtsverhältnisse auf hoher See; die Piraterie ist ihm ein seepolizeilicher Tatbestand. Das englische System stellt sie unter das Rubrum: „right of jurisdiction“[1]; ihm ist die Piraterie ein Tatbestand des völkerrechtlichen internationalen Strafrechts. Der durch die Verschiedenheit der Systematik angedeutete Gegensatz der Auffassungen ist nicht so grofs, wie es den Anschein hat; denn die Engländer verkennen nicht, dafs die Piraterie auch die Befugnis zu einem sonst verpönten, seepolizeilichen Einschreiten begründet[2]; und andererseits findet sich auch auf dem Kontinent nicht selten als Rechtsfolge der Piraterie die Zuständigkeit jedes Staates zu ihrer Bestrafung angegeben[3]. Gleichwohl ist er für ein

---

[1] So Phillimore, Hall, Lawrence (Principles und Handbook), Walker u. a. m. Dieselbe Auffassung auch bei Kent und Twiss, obwohl die äufsere Stellung bei ihnen eine andere ist; und bei Halleck I, S. 49, 175.

[2] S. o. S. 9, Anm. 1 a. E.; und unten § 2.

[3] z. B. von de Cussy (Perels, S. 116); Ullmann, S. 214; v. Liszt, S. 212. Es darf aber nicht übersehen werden, dafs in dem englischen Satze von der völkerrechtlichen Zulässigkeit der Strafverfolgung zugleich die Statuierung der Zuständigkeit nach Landesrecht liegt, eine Auffassung, von der v. Liszt und Ullmann weit entfernt sind. Zorn, dessen hier nochmals zu gedenken ist (vgl. oben im Text II, 1), hat in der Literatur nur die Zuständigkeit jedes Staates zur Strafverfolgung als Rechtsfolge der Piraterie angegeben gefunden, versteht die Behauptung dahin, dafs das Völkerrecht diese Zuständigkeit nicht für zulässig, sondern für tatsächlich bestehend erkläre, weist ihre Unrichtigkeit in diesem Sinne nach und kommt so, auf dem Wege eines zweifachen Mifsverständnisses, zur Leugnung der Piraterie als völkerrechtlich bedeutsamen Tatbestandes überhaupt.

richtiges Verständnis des Tatbestandes der Piraterie nicht nur in Einzelfragen (s. § 2), sondern auch in der grundsätzlichen Auffassung (s. § 3) nicht ohne Bedeutung.

In der Tat nun ist die Piraterie ein Tatbestand des völkerrechtlichen internationalen Strafrechts[1] nur in einem höchst untergeordneten Punkte.

Es trifft nicht zu, dafs aus der Piraterie als ihre Rechtsfolge den Staaten die völkerrechtliche Befugnis zu ihrer Bestrafung erwüchse, so oft es auch behauptet worden ist. Diese Befugnis haben sie ohnehin. Das Territorialitätsprinzip ist nicht völkerrechtlich; und die völkerrechtlichen Grenzen, die der Strafgerichtsbarkeit der Staaten tatsächlich gezogen sind, schliefsen piratische Akte nicht aus[2]. Der Staat hat die völkerrechtliche Befugnis Piraten zu bestrafen; aber nicht aus einem besonderen Rechtstitel, sondern kraft seiner völkerrechtlichen Persönlichkeit.

Es besteht keine Pflicht der Staaten, von der ihnen offenstehenden Möglichkeit der Strafverfolgung der Piraten Gebrauch zu machen[3]. Dies folgt aus der tatsächlichen landesrechtlichen Unzuständigkeit vieler Staaten zur Bestrafung piratischer Akte[4] und aus der Bereitwilligkeit

---

[1] Das völkerrechtliche internationale Strafrecht behandelt die völkerrechtlichen Grenzen der staatlichen Strafgerichtsbarkeit. Die Bezeichnung „völkerrechtliches internationales Strafrecht" ist streng genommen eine Tautologie, erscheint aber mit Rücksicht auf die Unsicherheit der Terminologie geboten.

[2] Dies ergibt sich sehr deutlich aus den zahlreichen landesrechtlichen Anordnungen, die die Zuständigkeit ausdrücklich statuieren, siehe Anm. 4. Vgl. zu dem ganzen Absatz namentlich v. Martitz Rechtshilfe, §§ 5—11.

[3] Übereinstimmend Perels int. öff. Seer., S. 115; Gareis bei Holtzendorff II, S. 579; v. Martitz Rechtshilfe I, S. 66; v. Bar Lehrb. d. int. Priv. u. Strafr. 1892, S. 306, N. 4; Lammasch Auslieferungspflicht und Asylrecht 1887, S. 155; u. a. m.

[4] Übersicht der Rechtslage (auf Vollständigkeit mufs verzichtet werden):

1. Zuständigkeit ohne Rücksicht auf die Person des Täters und den Ort der Begehung der Tat auf Grund speziellen Rechtssatzes besteht in folgenden Staaten: England (Common Law; s. § 2); Ver. Staaten, Rev. Stat. von 1874 s. 5368 (s. § 2); Niederlande, Art. 4, Nr. 4 des St.G.B. vom 3. März 1881 bezüglich der in Art. 381, 382 und 385 bezeichneten Verbrechen; Spanien, Gerichtsverfassungs-

anderer, auch im Falle eigener Zuständigkeit das Auslieferungsverfahren eintreten zu lassen (s. Note unter 2.).

Die einzige von den normalen Rechtsfolgen des Verbrechens im Bereiche der völkerrechtlichen Beziehungen verschiedene Wirkung der Piraterie ist die Nichtsubsidiarität der eigenen landesrechtlichen Strafbefugnis im Falle gleichzeitiger Existenz einer Auslieferungsverbindlichkeit. Hinter dem gleichmäfsigen Interesse aller Nationen an der Repression des gemeingefährlichen Unwesens treten die persönlichen Beziehungen des Verbrechers wie die räumlichen

---

gesetz vom 15. Sept. 1870, Art. 336 (sich beziehend auf die delitos contra la seguridad exterior del Estado, Buch II, Titel I des St.G.B. vom 30. Aug. 1870; die Piraterie bildet Kap. IV dieses Titels); Brasilien, Art. 5 des St.G.B. vom 11. Okt. 1890 (auf Buch II, Titel I, Kap. I des St.G.B bezüglich, hier in Art. 104—106 die Piraterie); Österreich bezüglich der von der Kriegsmarine eingebrachten Seeräuber, § 1, Nr. 5 des Gesetzes vom 20. Mai 1869, „betreffend den Wirkungskreis der Militärgerichte“ (die Bestimmung enthält in Form der Begründung der militärgerichtlichen Zuständigkeit, also einer prozessualen Regel, zugleich eine staatsrechtliche Anordnung über die Ausdehnung der österr. Gerichtsbarkeit); und ferner japanischer Vorentwurf eines St.G.B. (Übersetzung 1899, herausgeg. von der Red. d. Z. f. d. ges. Strafrechtswissenschaft; noch nicht in Kraft), Art. 3, Abs. 2.

2. Eine unbeschränkte Zuständigkeit besteht nach den allgemeinen Bestimmungen über die Grenzen der Strafgerichtsbarkeit, ohne dafs der Piraterie besonders gedacht wäre, in Italien, Art. 4—6 des St.G.B. vom 30. Juni 1889; in Österreich (für andere als von der Kriegsmarine eingebrachte Seeräuber), §§ 39 und 40 St.G.B.; und in Norwegen, § 12, Nr. 4a des St.G.B. vom 22. Mai 1902.

3. In Deutschland kann eine Strafverfolgung wegen piratischer Akte nur eintreten, wenn sie begangen sind gegen deutsche Schiffe oder von deutschen Schiffen oder von Deutschen, § 4 St.G.B. Wie das deutsche Recht das dänische, §§ 4—6 St.G.B. vom 10. Febr. 1866; mit der Erweiterung auf Angriffe fremder Schiffe auf fremde Schiffe, sofern dadurch die Interessen des schwedischen Staates oder seiner Angehörigen verletzt werden, auch Schweden, Kap. I St.G.B. vom 16 Febr. 1864; und, unter Erstreckung des Schutzes auf finnische und russische Interessen, Finnland, Kap. I des St.G.B. vom 19. Dezember 1889 und Kaiserl. Verordn. vom 21. April 1894. Für diese Gruppe von Rechten ist die strafrechtliche Lehre vom Begehungsort sowie die Frage der Gebietsqualität der Schiffe von Bedeutung (Wortlaut der Gesetze: „im Inland“, und ähnlich). Vgl. auch oben unter I a (staatlose Gebiete).

4. Das französische Gesetz über die Piraterie vom 10. April 1825 zeigt in allen seinen Teilen die Absicht, seinen Geltungsbereich selbst zu bestimmen. Die allgemeinen Regeln über die Gerichtsbarkeit

des Verbrechens zurück[1]. Aber selbst dieser Satz ist sehr prekärer Natur, und die moderne Staatenpraxis steht ihm zum Teil entgegen[2].

Um nun aber die Darstellung der Rechtsfolgen der Piraterie zum Abschlufs zu bringen, ist eine Klarlegung der im Vergleich zu den hier fixierten Sätzen weit bedeutenderen Rolle unerläfslich, die das englische Recht der Piraterie im Bereiche des internationalen Strafrechts zuweist. Das dadurch vervollständigte System der Rechtsfolgen bildet den ersten Ausgangspunkt zum Aufbau des Tatbestandes.

§ 2. Prinzipielles über die Piraterie im englisch-amerikanischen Rechte.

I. Das Territorialitätsprinzip. 1. Nach dem Rechte des späteren Mittelalters ist die Zuständigkeit der Grafschaftsgerichte auf die infra corpus comitatus be-

---

(solche Regeln sind immer nur subsidiär, vgl. Binding, Handb. d. Strafr., S. 376) des Code d'instruction criminelle finden keine Anwendung. Sehr wesentlich ist, dafs der vornehmlich die wahren piratischen Akte treffende Art. 2 des Gesetzes gegen Angriffe fremder Schiffe überhaupt nur französische Schiffe schützt, eine Beschränkung des Kreises der geschützten Rechtsgüter, die der Frage des räumlichen und persönlichen Geltungsgebietes des Gesetzes den gröfsten Teil ihrer Bedeutung nimmt. Art. 2, Nr. 1 bedroht die Piraterie durch französische Schiffe; Nr. 2 die Piraterie gegen französische Schiffe. Piraterie fremder Schiffe gegen fremde ist nicht strafbar (im Vergleich zu den allgemeinen Grundsätzen nach heutigem Rechte eine Verengerung, da nach dem Gesetze vom 27. Juni 1866, Code d'instr. crim., Art. 5, Beteiligte französischer Nationalität strafbar wären).

Das französische Recht ist von besonderem Interesse, da es eine offenbar bewufste Beschränkung des Staates in der Strafverfolgung piratischer Akte enthält.

[1] v. Martitz Rechtshilfe I, S. 116, N. 1. So das österreichische Recht, das die von der Kriegsmarine eingebrachten Seeräuber vor die Militärgerichte verweist (§ 1, Nr. 5 des Gesetzes vom 20. Mai 1869), ohne das in § 39 St.G.B. vorgesehene Verfahren einzuschlagen. Die frühere Haltung Englands und der Ver. Staaten in der Frage war eine Folge des Grundsatzes, die Auslieferung im Falle eigener Zuständigkeit überhaupt zu verweigern, vgl. v. Martitz Rechtshilfe I, S. 181, N. 5, Lammasch Auslieferungspflicht, S. 156.

[2] Lammasch spricht sich für die Subsidiarität auch in diesem Falle aus, Auslieferungspflicht S. 155; über die veränderte Haltung Englands, s. v. Martitz Rechtshilfe II, S. 550, N. 53; deutsche „Be-

gangenen Delikte beschränkt[1]. Die durch die Starrheit dieses Grundsatzes herbeigeführten Absonderlichkeiten sind im modernen Rechte im allgemeinen verschwunden; nur in einigen formalen Punkten wirkt das Prinzip noch nach, so wenn die Zuständigkeit eines Gerichtes für aufserhalb seines Bezirks, innerhalb oder auch aufserhalb des Reiches, begangene Handlungen durch die Fiktion der Begehung in seinem Bezirke begründet wird[2]; oder wenn Tatort und zuständiges Gericht in der Rechtssprache mit demselben Ausdruck, venue (= vicinitas), bezeichnet werden.

Aber die die Schroffheiten des alten Grundsatzes mildernde Gesetzgebung hat an der Landesgrenze prinzipiell Halt gemacht. Das internationale Strafrecht steht nach wie vor materiell und formell in seinem Bann; formell insofern die staatsrechtliche Begrenzung der Gerichtsbarkeit durchaus in der Form der Abgrenzung gerichtlicher Kompetenz erfolgt[3]; materiell in der Herrschaft des Territorialitätsprinzips.

2. Wenn aber der alte strafprozessuale Gedanke zufolge der Macht der Vergangenheit über ein konservativ gerichtetes Volk sich inhaltlich teilweise erhalten hat, so hat er doch, in sehr wesentlichen Punkten durchbrochen,

---

stimmungen für den Dienst an Bord" von 1903, § 23, Nr. 28: „die Strafgewalt über die Seeräuber verbleibt dem Staate, welchem das Seeräuberschiff angehört .... Reichsangehörige und Angehörige eines deutschen Schutzgebietes, welche gefangen werden, sind nicht auszuliefern." Denselben Grundsatz hat die deutsche Instruktion von 1877 (noch in Geltung) Nr. V, aber mit dem Zusatz: „Haben deutsche und englische Kriegsschiffe gemeinsam, und zwar auf hoher See, Piraten ergriffen, so erfolgt die Aburteilung durch das nächste englische Vize-Admiralitätsgericht," einer Bestimmung, die die wahre völkerrechtliche Rechtslage klar erkennen läfst.

[1] Vgl. J. F. Stephen, History of the criminal law of England I 1883, S. 276 f.; v. Martitz Rechtshilfe I, § 13; Hintrager, Z. f. int. Priv.- u. Strafr. IX (1899), S. 61 f.

[2] z. B. Foreign Enlistment Act 1870 (33 und 34 Vict. c. 90) s. 16, 17; Merch. Shipp. Act 1894 s. 684.

[3] Die kriminalistische Wissenschaft bringt das internationale Strafrecht unter dem Stichwort „venue", „place of trial". Übrigens bestimmt sich auch z. B. der Umfang der deutschen Zivilgerichtsbarkeit nach den Regeln der Z.P.O. über die örtliche Zuständigkeit, s. Hellwig Lehrb. d. Zivilproz. 1903, S. 99 und zit.

eine Einordnung in neue Gedankenkreise dulden müssen. Er wird nunmehr aus einer angeblichen völkerrechtlichen Notwendigkeit abgeleitet; eine Betätigung der Staatsgewalt aufserhalb des Territoriums und ohne personale Beziehung[1] soll dem internationalen Rechte zuwiderlaufen. So verstanden, erfreut sich, wenn auch die ganze Anschauung sich in Zersetzung befinden mag (siehe die Angaben bei v. Martitz I, S. 65, Note 10 u. 11), das Territorialitätsprinzip als Maxime noch in der neuesten englischen Gesetzgebung und Literatur allgemeiner Anerkennung[2].

II. Offences against the law of nations; piracy. In Abweichung von dem Territorialitätsprinzip erkennt das englische Recht, wie bei der Aufstellung des Prinzips selbst von völkerrechtlichen Erwägungen geleitet, für einen Komplex von Tatbeständen den Beruf der Staaten zur Weltrechtspflege an. Die „offences against the law of nations“ als Verletzungen solcher Anordnungen des Landesrechts, die sich zugleich als Bestandteil des Völkerrechtes darstellen[3], unterliegen der Ahndung seitens jedes Staates, in dessen Gebiet der Täter betroffen wird.

---

[1] Die Anerkennung dieser letzteren Beschränkung des Territorialitätsprinzips ist einer der wesentlichsten Fortschritte der englischen Doktrin in neuerer Zeit. Die Kompetenz zur Bestrafung des extraterritorialen Delikts des Untertanen ist jedoch noch sehr lückenhaft (vgl. Hintrager, § 7), Hallecks (I, S. 192) Behauptung einer allgemeinen Geltung der Personalmaxime nicht zutreffend.

[2] Kenny, S. 411: „it is forbidden by International Law to try foreigners for any offences which they committed outside its [des Staates] territorial jurisdiction.“ Von neueren Völkerrechtsschriftstellern vgl. etwa noch Oppenheim, § 174. Hall, S. 212, hält an der Ansicht fest trotz des S. 210 f. von ihm selbst gebrachten, ihre Unrichtigkeit aufs klarste dartuenden Materials aus den Gesetzgebungen kontinentaler Staaten; die Rechtsbeständigkeit dieser Bestimmungen leugnet er nicht; er führt sie auf eine „voluntary concession“ der anderen Staaten zurück, „allowing a state to assume to itself jurisdiction in excess of that possessed by it in strict law“. Taylor, Treatise on International Public Law 1902, S. 240, begnügt sich damit, die abweichenden kontinentalen Bestimmungen kurz anzuführen unter der Überschrift: „Territoriality of crime disputed by many nations.“

[3] Die herrschende englische Auffassung mifst dem völkerrechtlichen Gewohnheitsrecht auch landesrechtlich verbindende Kraft bei (vgl. näher Triepel, S. 134 f.). Mit den auf dem Kontinent gewöhnlichen An-

Zu diesen offences against the law of nations wird auch die piracy gezählt[1]; aber es ist nicht zu übersehen, daſs sie unter ihnen eine durchaus eigenartige Stellung einnimmt. Ihre Bedeutung für das internationale Strafrecht beschränkt sich nicht auf die bloſse Begründung einer allgemeinen Befugnis zu ihrer Bestrafung, sondern ihre Wirkung ist der Fortfall allen und jeden völkerrechtlichen Schutzes des Täters seitens seines Heimatstaates im Bereiche des internationalen Strafrechts (Denationalisierung der Person), so daſs die Strafkompetenz des verfolgenden Staates über den Piraten auch für solche Verbrechen besteht, die nicht piracy sind[2].

---

schauungen über das Verhältnis von Völkerrecht und Landesrecht steht sie nicht in Einklang. Für die vorliegende Untersuchung ist die (völlig unbestrittene) Tatsache der materiellen Übereinstimmung des Tatbestandes der piracy in Völkerrecht und Landesrecht („piracy juris gentium" und „piracy at common law" sind zwei Namen für denselben Begriff) von erheblich gröſserer Bedeutung als der formelle Grund dieser Übereinstimmung.

[1] Piracy als offence against the Law of Nations (auch of all nations), crime by International Law oder ähnlich bei Blackstone-Stephen IV, S. 181, 183; Wheaton I, S. 141; Halleck I, S. 175; Lawrence Principles, S. 209; und allgemein. Lediglich den Beweggrund der Repression geben an Bezeichnungen wie: „offence against the whole body of civilised states" (so Lawrence Handbook, S. 65; ähnlich Walker Manual, S. 55). — Der historische Ausgangspunkt der englischen Lehre von der allgemeinen Zuständigkeit der Staaten zur Bestrafung von Piraten ist der mittelalterliche Rechtssatz, daſs der Pirat der jurisdiction of the admiralty unterliegt, die das ganze Weltmeer umfaſst. Die Neigung der englischen Völkerrechtsdoktrin, völkerrechtliche Rechtssätze, die nur durch rechtsvergleichende Untersuchungen gefunden werden können, aus dem heimischen Landesrecht herauszulesen, bekundet sich in der Literatur zum Piraterierecht auf Schritt und Tritt.

[2] U. S. v. pirates, 5 Wheat. 184, 204, 206 (Wharton Int. L., § 380): „By assuming the character of pirates, the crew of a vessel lose all claim to national character or protection;" Phillimore I, S. 488: „To whatever country the Pirate may have originally belonged, he is justiciable everywhere;" Lorimer Institutes of the law of nations II (1884), S. 132; Walker Science, S. 131: „Every state has jurisdiction over pirates jure gentium;" Roscoe, S. 237. Diese Auffassung liegt auch 7 Will. 4 und 1 Vict. c. 88 s. 2 („piracy with violence") zu Grunde, einer ohne allen Zweifel auch gegen Nichtengländer gerichteten Bestimmung: wer „with intent to commit or at the time of or immediately before or immediately after committing the crime of piracy in respect of any ship or vessel, shall assault, with intent to murder, any person being on bord or belonging to such ship or vessel, desgleichen Körper-

Hiernach ist die piracy ein Verbrechen nach englischem Landesrecht, dessen völkerrechtliche Bedeutung darin besteht, dafs es, zugleich[1] eine offence against the law of nations, den Täter der Gerichtsbarkeit jedes Staates unterwirft.

Dafs auch die Engländer die Zulässigkeit der Ergreifung der Piraten auf hoher See (Denationalisierung des Schiffes) als Rechtsfolge der Piraterie anerkennen, wurde schon bemerkt (s. o. S. 9, N. 1); sie heben den Umstand nicht sehr hervor, weil er ihnen, die wenig an eine Scheidung der Fragen gewohnt sind, auf welche Handlungen und Personen ein Staat seine Gerichtsbarkeit ausdehnen könne, und in welchen Grenzen andererseits ihm die Ausübung unmittelbaren Zwanges zustehe, in der Statuierung des Jurisdiktionsrechtes genügend ausgedrückt scheint[2].

III. Die Besonderheit der englischen Auffassung ist in mehrfacher Hinsicht für die Eruierung des Tatbestandes von Bedeutung.

1. Die Qualifizierung einer Gruppe rein landesrechtlicher Tatbestände als piracy ist nach englisch-amerikanischem Rechte nicht lediglich ein Ergebnis historischer Zufälligkeit wie etwa im französischen Rechte; der vertraute Begriff dient als Ausgangspunkt für die Erstreckung der Strafgerichtsbarkeit auch auf andere im Ausland begangene Verbrechen[3].

---

verletzung und Gefährdung des Lebens ... shall suffer death as a felon"; die Fassung zeigt deutlich, dafs es sich um nichtpiratische Akte, begangen durch einen Piraten, handelt.

[1] S. S. 19, Anm. 3. Sehr klar Kenny, S. 316: „Whatever be the precise limits of piracy jure gentium, it is at least clear that nothing that does not fall within them would be taken account of, as a piracy, by the common law." — Es mag hier noch darauf hingewiesen werden, dafs die piracy ein Verbrechenstatbestand des Common Law erst seit 1536 (28 Hen. 8 c. 15) ist, während sie bis dahin dem Civil Law angehörte, vgl. Russell, S. 260; Roscoe, S. 817.

[2] Walker Science, S. 131 im Text: „Every state has jurisdiction over pirates", und am Rande, als Inhaltsangabe des Textes: „The right of search ... can be justified ... as a measure for the suppression of piracy."

[3] Dafs britische Untertanen für statutenrechtliche piracy der heimischen Strafgerichtsbarkeit auch bei Begehung in fremdem Staatsgewalt-

2. Andererseits ist in keinem Lande die Grenze der völkerrechtlichen und der landesrechtlichen Piraterie klarer erkennbar als hier. Das Landesrecht, durch das Territorialitätsprinzip beherrscht, kann extraterritoriale Geltung nur für Untertanen beanspruchen[1]; für piracy juris gentium ist der Unterschied der Staatsangehörigkeit gleichgültig.

3. Eine gewohnheitsrechtliche Weiterbildung des völkerrechtlichen Tatbestandes der Piraterie durch eine von politischen Erwägungen geleitete Staatenpraxis ist durch die englische Auffassung sehr erschwert, da sie, zugleich eine Weiterbildung des Common Law, gerichtlicher Kontrolle unterliegt. Dies ist namentlich für die mit der Kaperei zusammenhängenden Fragen von Bedeutung.

IV. Das amerikanische Recht weicht in einem Punkte nicht unwesentlich vom englischen ab[2]. Da die Jurisdiktion (Gesetzgebung und Gerichtsbarkeit) in „all cases of admiralty and maritime jurisdiction" zu (im allgemeinen)

---

gebiet unterliegen, ist ausdrücklich ausgesprochen z. B. in den Orders in council vom 15. Okt. 1889 (über die Ausdehnung der britischen Jurisdiktion in gewissen Teilen Afrikas; s. 47: „Any British subject may be proceeded against, tried and punished under this Order for the crime of piracy wheresoever committed"), vom 28. Nov. 1889 s. 34 und vom 22. Nov. 1890 s. 34 (Konsulargerichtsbarkeit in Siam bezw. Brunei), abgedruckt bei Hertslet, Complete Collection of the Treaties etc. between Great Britain and Foreign Powers B. 18, S. 12, 240, 1103.

[1] Stat. pir. ist nur an Untertanen strafbar; so ausdrücklich 18 Geo. 2 c. 30 (1744) und 11 u. 12 Will. 3 c. 7 s. 8 (1698). Aus der Literatur statt anderer Kenny, S. 411, N. 3: „But this [Regel allgemeiner Zuständigkeit] would not cover acts which, like trading in slaves, are made piracy by local laws alone. For one country — or even several countries — cannot add to International Law;" Hall, S. 268. — Ausdehnung in 5 Geo. 4 (1824) c. 113 s. 9 (Sklavenhandel als piracy) auf „persons residing, or being within any of the dominions etc. belonging to his Majesty", also auf in England ansässige Nichtuntertanen. Amerik. Rev. Stat. s. 5376 (15. Mai 1820) erklärt für piracy den Sklavenraub an fremder Küste auch, wenn durch ausländische Mitglieder der Besatzung amerikanischer Schiffe begangen.

[2] Die bedingungslose Gleichstellung der amerikanischen und der englischen Auffassung der Piraterie bei Hintrager, Z. f. int. Priv.- u. Strafr. 1899, S. 70 ist deshalb nicht gerechtfertigt. Über weitere bedeutsame Besonderheiten der amerikanischen Rechtsanschauung s. u. § 7 II, 2 und namentlich § 8 II.

exklusiver Berechtigung dem Bunde zusteht[1], die Bundesgerichtshöfe aber keine common-law jurisdiction haben[2], so folgt, dafs „piracy cannot be punished, except under a statute enacted by Congress" (Bishop, § 1060, Note 2). Eine Konsequenz dieser dem englischen Rechte fremden Notwendigkeit statutenrechtlicher Durchführung des die piracy pönalisierenden Rechtssatzes war, dafs es bis zum Inkrafttreten der Rev. Stat. von 1874 und aufser der kurzen Geltungsperiode des Gesetzes vom 3. März 1819 sehr zweifelhaft war, ob überhaupt piracy by the law of nations in den Vereinigten Staaten einen Richter fand[3].

§ 3. Die Rechtsfolgen der Piraterie und die grundsätzliche Auffassung des Tatbestandes.

Die Bedeutung der Rechtsfolgen der Piraterie für die Erkenntnis des Tatbestandes ist, soweit Einzelheiten in Frage stehen, bereits dargestellt (§ 1 u. 2). Für die grundsätzliche Auffassung ist sie wesentlich negativer Art, insofern die Rechtsfolgen in keiner Weise nötigen, an der üblichen Betrachtungsweise festzuhalten.

---

[1] v. Holst, Das Staatsrecht der Vereinigten Staaten von Amerika 1885 (in Marquardsens Handb. d. öff. R.), S. 117.

[2] v. Holst a. a. O., S. 115; Bishop, § 1060, N. 2.

[3] Verneint von Bishop, § 1060, N. 2; Report zum Entwurf eines Penal Code 1901, S. XXVI. Anders Wharton Crim. L., § 1862. Eine erschöpfende Behandlung des Gegenstandes hätte zu prüfen: inwieweit s. 8 der Akte vom 30. April 1790 durch das Gesetz vom 3. März 1819 derogiert ist; dann vor allem, ob s. 8 des Gesetzes von 1790 sich nur auf amerikanische (so 1818 Supreme Court, U. S. v. Palmer et al., 3 Wheaton, 610; bei Moore Report, S. 58) oder auch auf solche Schiffe bezieht, die, wie Piratenschiffe, einen nationalen Charakter nicht haben (so Supreme Court 1820, U. S. v. Klintock, 5 Wheat. 144; bei Moore, S. 59); dasselbe für s. 3 des Gesetzes vom 15. Mai 1820 (für Anwendung U. S. v. Baker 1861, nach Angabe Whartons Crim. L., § 1862, N. 8). Die Rev. Stat. haben neben s. 8 des Gesetzes von 1790 (s. 5372) und s. 3 des Gesetzes von 1820 (s. 5370) auch s. 5 des Gesetzes vom 3. März 1819 (s. 5368) aufgenommen, wodurch für die piracy as defined by the law of nations, nicht aber für die eventl. Zuständigkeit für andere, durch denationalisierte Schiffe begangene Verbrechen u. E. alle Zweifel beseitigt sind (auch Bishop a. a. O. und der Report zum Entw. eines Pen. Code a. a. O. sehen durch s. 5368 die Kompetenz begründet).

Man sieht in der Piraterie ein Verbrechen nach Landesrecht; ein Verbrechen, an das gewisse völkerrechtliche Rechtsfolgen geknüpft sind.

Diese Rechtsfolgen sind nun aber, wie sich ergeben hat, in der Hauptsache seepolizeilicher Art; sie betreffen das Vorgehen der Kriegsschiffe auf hoher See. Hierdurch wird klar, dafs die Forderung der Deliktsqualität des den Eingriff veranlassenden Geschehens keine notwendige ist, nicht mit irgend welchen juristischen oder politischen Prinzipien in Zusammenhang stehen kann. Das Interesse an der Unschädlichmachung von Piraten ist nicht geringer und das einer internationalen Eingriffsbefugnis entgegenstehende Interesse nicht gröfser, wenn ihre Zurechnungsunfähigkeit strafrechtliche Ahndung ausschliefst.

Wenn aber das englische Recht der Piraterie eine Stellung vornehmlich im völkerrechtlichen internationalen Strafrecht anweist, so ist die Auffassung doch nicht die, dafs mit einem bestimmten strafrechtlichen Tatbestand die völkerrechtliche Zulässigkeit der Bestrafung für diesen gegeben sei, sondern man sieht als seine völkerrechtliche Wirkung die gänzliche Denationalisierung des Täters gegenüber der Strafgewalt fremder Staaten, auch für nichtpiratische Akte, an. Allerdings ist die Voraussetzung des Eintritts dieser Rechtsfolge notwendig ein Delikt im technischen Sinne[1]; aber die Rechtsfolge ist so eigenartig, dafs sich vermuten läfst, es möchte eine rein kriminalistische Behandlung dem Tatbestande nicht gerecht werden.

Im übrigen ist, wie nachgewiesen[2], der englischen Auffassung die seepolizeiliche Seite der Piraterie keineswegs fremd, und es steht nichts im Wege, dem kriminellen Tatbestande der piracy im Bereiche des conflict of laws einen seepolizeilichen Tatbestand im Bereiche der Seepolizei zur Seite zu stellen (s. u. § 8 II, Ver. Staaten).

---

[1] Identität der piracy in Common Law und International Law, s. S. 21, Anm. 1.

[2] S. S. 21, Anm. 2 und S. 9, Anm. 1.

Hiernach ist die Bahn frei für den Nachweis, dafs der Tatbestand der Piraterie nicht kriminalistischer, sondern, wie seine Rechtsfolgen, seepolizeilicher Natur ist. Ihn positiv zu erbringen ist die Aufgabe des zweiten Abschnittes (s. bes. § 8).

Anhang zum ersten Abschnitte.

§ 4. Heutiges Vorkommen der Piraterie.

Aktualität und wirkliche Bedeutung eines Rechtsinstitutes mögen proportional sein, wenn es sich um solche Lebensverhältnisse handelt, die das Recht zu fördern Grund hat oder ohne Sympathie und Antipathie lediglich ordnet. Hingegen kann bei Instituten repressiver Tendenz, wenn sie zweckentsprechend ausgebaut sind, aus dem Mangel der Aktualität ein Schlufs auf ihre wahre Bedeutung nicht gezogen werden.

Die Überwachung der Meere durch die Kriegsschiffe aller zivilisierten Nationen hat die Piraterie in entlegene, aus physikalischen oder ethnologischen Gründen schwer zugängliche Gegenden zurückgedrängt, wo sie in Verbindung mit Strandraub oder Flufspiraterie ein im Vergleich zu vergangenen Zeiten nur noch kümmerliches Dasein fristet; aber doch nur, um alsbald wieder aufzuleben, wenn die Kanonen einmal nicht mehr drohen.

Nach der Aufteilung der Erde[1] allgemein gezwungen, ihren Sitz in staatlichem Gebiet zu nehmen, empfinden die Piraten den Druck der Völkerrechtsgemeinschaft in doppelter Schwere; nicht nur, dafs ihren maritimen Unternehmungen allerorts ein überlegener Gegner droht, ist auch der Staat, dessen Territorium sie zur Operationsbasis wählen, völkerrechtlich verbunden zu verhindern, dafs aus seinem Juris-

---

[1] Die gesamte bewohnbare Küste, abgesehen von einigen Inseln des Stillen Ozeans, steht unter staatlicher Herrschaft.

diktionsgebiete heraus den Interessen fremder Nationen Gefahren erwachsen [1].

Fälle von Piraterie haben sich in neuerer Zeit ereignet im ägäischen Meere [2], im roten Meere [3], im persischen Golfe [4], im malayischen Archipel [5], in Indochina [6], endlich in China [7] und Marokko [8 und 9].

---

[1] Die der Gebietshoheit korrelate Pflicht der Aufrichtung einer wirksamen Rechtsordnung ist natürlich eine andere als die allgemeine Pflicht der Staaten zur Aufbringung von Piratenschiffen. Sie ist besonders in China und Marokko von Bedeutung, s. u. N. 7 und 8.

[2] 1876 (Andree, Geogr. d. Welthandels I, 2. Aufl. 1877, S. 345 f.), 1897 (Rev. gén. d. dr. i. p. 1897, S. 696, N. 2), 1898 (Samios, Piraterie, S. 44).

[3] November 1902 Beschiefsung der türkischen Insel Midi durch italienische Kriegsschiffe im Einvernehmen mit der türkischen Regierung. Abkommen vom 10. Nov.: „Die Pforte verpflichtet sich, in Zukunft die Seeräuberei mit dem gröfsten Nachdruck zu ahnden" (Köln. Z. 1902, Nr. 868, 878, 886).

[4] 1859 Zerstörung von Ras el Cheima durch die Engländer; eine fernere Expedition 1860 (Andree a. a. O.).

[5] Andree a. a. O.; Jagor, Singapore, Malacca, Java 1866, S. 85 f.; Buckley, An Anecdotal History Of Old Times in Singapore, 1902. In den letzten Jahrzehnten hat dort die Aufrichtung bezw. tatsächliche Durchsetzung der englischen und holländischen Herrschaft Ordnung geschaffen (Das „Engagement with the chiefs of Perak" vom 20. Jan. 1874 erwähnt noch die Häufigkeit der piracy, s. die englischen Verträge mit den Eingeborenenstaaten bei Hertslet XVIII, S 837 f.).

[6] Kämpfe der Franzosen gegen mit annamitischen Aufständischen verbündete chinesische Piraten; s. Rambaud, La France coloniale, 7. Aufl. 1895, S. 521 f.; Frey, Pirates et rebelles au Tonkin 1892, S. 37 f.; der Kampf gegen die „Schwarzen Flaggen" ist aber im wesentlichen ein Landkampf gewesen, vgl. auch Frey, S. 37 über den Sprachgebrauch: „il nous parait bon de l'avertir qu'en Indo-Chine l'Européen confond indifféremment sous cette appellation de „pirate", non seulement les maraudeurs, les détrousseurs de grands chemins, les contrebandiers, aussi bien que les aventuriers de tout ordre qui . . . exercent leurs déprédations, par bandes armées, sur terre, sur la côte, ou dans les fleuves du Tonkin; mais encore les indigènes qui, insurgés contre la domination française, luttent pour reconquérir l'indépendance nationale."

[7] „Vorläufige Instruktion für die Kommandanten deutscher Kriegsschiffe in Betreff der Unterdrückung der Seeräuberei in den chinesischen Gewässern" vom 20. Aug. 1877 (Perels, int. öff. Seer., im Anhang), aufrechterhalten durch die „Bestimmungen für den Dienst an Bord" vom 21. Nov. 1903, § 23, Nr. 29; nach Zeitungsmeldungen war von 1900 bis 2. Febr. 1904 die deutsche Dampfbarkasse „Schamien" zur Unterdrückung der Flufspiraterie in Südchina stationiert. In den „Friedens-, Freundschafts- und Handelsverträgen" (Hertslet, Treaties etc. between Great Britain and China; and between China and foreign powers, 2 BB., London 1896) übernimmt China regelmäfsig, entsprechend dem allgemeinen

Völkerrecht, die Verpflichtung, die Piraten zu verfolgen und zu bestrafen (Verträge mit den Ver. Staaten vom 3. Juli 1844, Art. 26, 18. Juni 1858, Art. 13; Frankreich 24. Okt. 1844, Art. 29, 27. Juni 1858, Art. 34; Schweden-Norwegen 20. März 1847, Art. 26; Grofsbritannien — der Vertrag vom 29. Aug. 1842 und der Zusatzvertrag vom 8. Okt. 1843 enthalten die später regelmäfsig wiederkehrenden Bestimmungen noch nicht — 26. Juni 1858, Art. 19; Zollverein 2. Sept. 1861, Art. 33; Dänemark 13. Juli 1863, Art. 19; Spanien 10. Okt. 1864, Art. 16; Belgien 2. Nov. 1865, Art. 44; Italien 26. Okt. 1866, Art. 19; Österreich-Ungarn 2. Sept. 1869, Art. 19; Japan 13. Sept. 1871, Art. 28; Portugal 1. Dez. 1887, Art. 18); aufser im grofsbritannischen und portugiesischen Vertrage ist hinzugefügt, dafs, wenn die Bestrafung sich als unmöglich erweist, die chinesische Regierung nur zur Bestrafung der Lokalbehörden, nicht zur Entschädigung der Beraubten verbunden ist. Weiterhin ist bestimmt, dafs in Verfolgung von Piraten begriffene Kriegsschiffe alle chinesischen Häfen aufsuchen dürfen, worin zugleich wohl die Erlaubnis der Fortsetzung der Verfolgung in die chinesischen Küstengewässer liegt (Verträge mit Grofsbritannien, Art. 52; dem Zollverein, Art. 30; Dänemark, Art. 52; Italien, Art. 52; Österreich-Ungarn, Art. 34). Die neueren Verträge lassen diesen Rechtszustand unberührt (chinesisch-amerikanischer Vertrag vom 8. Okt. 1903, N.R.G. 2. sér. 31, S. 587 f., Art. 17; chinesisch-japanischer Vertrag, daselbst S. 483 f., Art. 9).

[8] Der Sitz der Piraten ist das Küstengebirge Er Rif am Mittelmeer, ein unzugänglicher und noch heute unerforschter Landstrich (Kampffmeyer, Marokko, 1903); es handelt sich um eine Verbindung von Strandraub und Piraterie; neuere Fälle 1895 und 1896 (Rev. gén. 1897, S. 425 f.), 1904 (Le Temps 18. Jan. 1904). Weiteres bei Godard, Description et histoire du Maroc 1860 I, S. 159 f., II, S. 638 f., und sonst. Es ist üblich, Marokko die Nichtverhinderung von Angriffen als völkerrechtliches Delikt zuzurechnen und die Regierung für den Schaden haften zu lassen (anders als China, s. N. 7); die Entschädigungen können sehr hoch sein (vgl. Rev. gén. a. a. O.); die Entschädigungspflicht wurde von Marokko selbst, nach Godard II, S. 626, zuerst 1855 Frankreich gegenüber anerkannt.

[9] Weitere Literaturangaben betreffend Geschichte und Verbreitung der Piraterie bei Goldschmidt, Universalgesch. d. Handelsrechts, 3. Aufl. 1891, S. 27, N. 36, 37, S. 117, N. 73; Perels int. öff. Seer., S. 108, N. 1; Bonfils, S. 346, N. 2. Im ganzen zu den Angaben der Historiker und Geographen Francis Bacon: „Versatur . . . infelicitas quaedam inter historicos vel optimos, ut legibus vel actis judicialibus non satis immorentur . . .“ (De dignitate et augmentis scientiarum Lib. VIII, Cap. III de justitia universali aph. 29).

Zweiter Abschnitt.

Der Tatbestand der Piraterie nach geltendem Völkerrecht.

§ 5. Vorläufige Definition. Quellen; insbesondere die Landesstrafgesetzgebungen.

I. Piraterie ist ein unpolitisches auf die gewerbsmäfsige Ausübung räuberischer Gewaltakte gegen prinzipiell alle Nationen gerichtetes Seeunternehmen.

Wie die Rechtsfolgen der Piraterie, so ist auch ihr Tatbestand seepolizeilicher Natur; sie ist mit der Gefährdung der Interessen gegeben ohne Rücksicht darauf, ob in der Person einzelner oder aller Beteiligter zugleich ein krimineller Tatbestand erfüllt ist.

Die Elemente dieses Tatbestandes sind ein physisch-lokales, Lebensführung ganz oder teilweise auf hoher See (courir les mers), und ein psychisches, die Absicht der Verübung räuberischer Gewalttaten gegen prinzipiell jeden Träger der in Frage stehenden Lebensgüter in Verfolgung privater Interessen.

Durch das psychische Element des Tatbestandes ist bestimmt, in welchem Umfang die „Lösung vom Heimatstaate" oder „faktische Denationalisierung" Begriffsmerkmal der Piraterie ist. Die Bedeutung eines selbständigen Merkmals kommt ihr nicht zu.

II. Die arge Zerfahrenheit, die in der Lehre vom Tatbestande der Piraterie herrscht[1], rührt nicht zuletzt davon her, dafs man sich nicht darüber klar geworden ist, aus welchen Quellen der Begriff zu schöpfen sei.

Die vornehmste Erkenntnisquelle des völkerrechtlichen Gewohnheitsrechtes ist das Verhalten der Staaten. Diuturnus usus, opinio necessitatis können nur auf induktivem Wege aus der Staatenpraxis nachgewiesen werden. Es kommt aber nicht so sehr das tatsächliche Verhalten im einzelnen Falle in Betracht, für das, wie es die Kompliziertheit des Konkreten nicht anders erwarten läfst, regelmäfsig eine Vielheit rechtlicher Gesichtspunkte bestimmend ist, ohne dafs der Anteil der einzelnen an der Gesamtwirkung immer erkennbar wäre, als vielmehr die autoritative Fixierung der Rechtsüberzeugung in — möglicherweise durch den Einzelfall veranlafsten — Erklärungen wie Noten, Verwaltungsvorschriften, Verträgen, Gesetzen, in denen die verschlungenen Elemente der Wirklichkeit zu Rechtsbegriffen geordnet sind.

Die Frage nach dem Tatbestande der Piraterie kann man dahin formulieren, an welche Voraussetzungen Recht und Pflicht der Staaten zur Aufbringung eines Fahrzeuges aus dem Grunde der Piraterie geknüpft sei (siehe § 1). Hiernach ist das Material zu seiner Bestimmung vornehmlich in denjenigen Gesetzen und Verwaltungsvorschriften der einzelnen Staaten zu suchen, die den Dienst der Kriegsflotte regeln[2].

Es ist nun aber nicht zu verkennen, dafs die Ausbeute, die die Marinegesetze und -instruktionen gewähren[3], ge-

---

[1] „But, old and famous though the crime is, there is not, even now, any authoritative definition of it" (Kenny, S. 315).

[2] Die Piraterie betreffende diplomatische Aktenstücke und Verträge sind nur für einige Spezialpunkte bedeutsam, s. u. § 14 und 15.

[3] Es sind die deutschen „Bestimmungen für den Dienst an Bord. Allerhöchst genehmigt am 21. Nov. 1903" (bezeichnet als „Entwurf", d. h. es ist eine Revision auf Grund der zu sammelnden Erfahrungen in Aussicht genommen), § 23; die deutsche Instruktion von 1877 (s. S. 26, N. 7); die Queens Regulations von 1899, Art. 450; die amerik. Rev. Stat. von 1874, s. 4293—4299.

ringfügiger ist, als man erwarten möchte. Zur Unterstützung der aus ihren Bestimmungen zu gewinnenden Resultate soll daher aufser, wie selbstverständlich, der Literatur auch die Geschichte herangezogen werden. Dies bedarf einer Rechtfertigung.

Das Piraterierecht als völkerrechtliches Rechtsinstitut in dem heutigen Sinne ist eine Erscheinung jungen Datums. Der Gedankenkreis der Meeresfreiheit, in den es sich einfügt (s. o. § 1), ist noch im 18., in einzelnen Beziehungen selbst noch im Anfang des 19. Jahrhunderts nicht mehr als ein von einer — freilich stets wachsenden — Anzahl von Staaten verfochtenes politisches Prinzip. Mag auch die Piraterie zu allen Zeiten bekämpft worden sein, so sind doch die rechtlichen Grundlagen des Einschreitens in alter und neuer Zeit durchaus verschieden. Einen der Gründe der Unsicherheit ihres völkerrechtlichen Tatbestandes darf man darin sehen, dafs sie ihre heutige Stellung im System des Völkerrechts erst erlangte, als ihr tatsächliches Vorkommen schon selten geworden war.

Entbehren nun aber auch hienach die alten Rechtssätze des Piraterierechts jeder praktischen Anwendbarkeit, so haben sie doch einen nicht zu unterschätzenden Wert für die theoretische Erkenntnis des Tatbestandes. Denn im Wechsel der Rechtsanschauungen ist der Tatbestand unverändert geblieben[1]; aus dem historischen Rechte auf sein Wesen und seinen Inhalt gezogene Schlüsse sind von unmittelbarer Bedeutung für das geltende Recht. Vor allem ist die historische Betrachtung geeignet, die Anschauung, dafs die Piraterie ein Tatbestand seepolizeilicher

---

[1] Nur ist die alte staatlich autorisierte Piraterie nunmehr verschwunden. Aber wenn noch im Jahre 1858 von den englischen Behörden in Singapore zum Tode verurteilte malayische Piraten erklärten, dafs sie lediglich den Befehlen ihrer Herrscher gehorsam gewesen seien und nur getan hätten, was in ihrem Lande herkömmlich und erlaubt sei (Andree a. a. O. I, S. 363), so besteht kein Unterschied der Anschauung gegen die des Illyrierkönigs Agron, der 229 v. Chr. den römischen Gesandten erklärte, nach illyrischem Rechte sei der Seeraub ein erlaubtes Gewerbe (Mommsen, Röm. Gesch. I, 9. Aufl., S. 551).

und nicht krimineller Natur ist, wesentlich zu unterstützen.

III. Das Landesstrafrecht als Erkenntnismittel des völkerrechtlichen Tatbestandes[1]. Die Piraterie im Sinne des Völkerrechts ist eine gemeingefährliche Lebensführung, ein seepolizeilicher Tatbestand. Die in den Landesstrafgesetzgebungen als Piraterie bezeichneten Tatbestände sind, wie die kriminellen Tatbestände im modernen Rechte allgemein, genau umschriebene, nach Mittel und Erfolg verschieden qualifizierte einzelne Handlungen. Der völkerrechtliche Tatbestand und die landesrechtlichen Tatbestände verhalten sich zueinander wie Mittel und Zweck. Das psychische Element der Piraterie, die Absicht der Begehung von Gewalttaten, verwirklicht sich durch Setzung der landesstrafrechtlichen Tatbestände[2].

Bei der ihm zufallenden Auflösung der piratischen Lebensführung in einzelne Akte kann das Landesrecht entweder ohne jede Erwähnung des Begriffs der Piraterie auf piratische Akte die allgemeinen Vorschriften über Raub und Erpressung und weiterhin auch Tötung, Körperverletzung, Sachbeschädigung usw. anwenden; oder sich unter Verwendung des Begriffs seine Zerlegung zu einer besonderen Aufgabe stellen.

Das erste dieser Systeme wird dem Wesen der Sache am meisten gerecht. Es hält sich selbst von der Vermischung völkerrechtlicher und landesrechtlicher Elemente fern und verleitet nicht dazu, sie zu vermischen. Die Gefahr, daſs das Gesetz der eigenartigen Bedeutung, die den piratischen Akten wegen ihrer groſsen Gefährlichkeit auch für das Landesrecht zukommt, nicht gerecht wird, ist bei einiger Aufmerksamkeit des Gesetzgebers gering. Für die

---

[1] Alle Einzelheiten bleiben zur Vermeidung von Wiederholungen der späteren Darstellung vorbehalten.

[2] Wobei zu beachten bleibt, daſs das Vorliegen eines Strafausschlieſsungsgrundes das Gegebensein des völkerrechtlichen Tatbestandes nicht beeinfluſst.

Ermittelung des völkerrechtlichen Tatbestandes sind die Landesstrafgesetzgebungen, die diesem ersten Systeme anhangen, kaum von Bedeutung. Zu dieser Gruppe gehört das deutsche, das skandinavische und das belgische Recht[1].

Das zweite System ist das des französisch-spanischen und verwandter Rechte und des englisch-amerikanischen Rechtes. Doch ist seine Durchführung in den beiden Rechtsgebieten wesentlich verschieden.

Das englisch-amerikanische Recht sieht in der piracy juris gentium einen zugleich völkerrechtlichen und strafrechtlichen in beiden Disziplinen übereinstimmenden Tatbestand. Als statutory piracy bezeichnet es eine Reihe von Handlungen, deren blofs landesrechtliche Bedeutung nicht zweifelhaft sein kann[2]. Darüber, dafs die see-

---

[1] Das belgische und das finnische Recht enthalten gar keine Spezialbestimmung. Das deutsche Recht (§ 250, Nr. 3 St.G.B.) qualifiziert den Raub auf offener See, das dänische (§ 244 St.G.B. vom 10. Febr. 1866, Abschnitt: „Raub und Drohungen") „Seeräuberei" als schweren Fall des Raubes, Schweden (Kap. 21, § 7 St.G.B. vom 16. Febr. 1864) den Angriff auf Seefahrer auf offener See in räuberischer Absicht (unter Gleichstellung von Versuch und Vollendung). Norwegen (St.G.B. vom 22. Mai 1902, § 269, Nr. 2) bestraft die Ausrüstung und den Beginn der Ausrüstung eines Schiffes, um Raub zu begehen, als selbständiges Delikt; Dänemark a. a. O. stellt die Ausrüstung eines Schiffes zum Zwecke des Seeraubes dem Seeraube gleich. Dem deutschen Rechte fehlt eine solche Vorbereitungshandlungen unter Strafe stellende Bestimmung. — Auch Chile gehört, anders als die übrigen Länder des spanischen Rechtsgebietes, in diese Gruppe (St.G.B. vom 12. Nov. 1874, Art. 434).

Der „Raub auf offener See" in § 250, Nr. 3 des deutschen St.G.B. entspricht der völkerrechtlichen Piraterie in keiner Weise. Er umfafst nicht alle piratischen Akte und schliefst andererseits auch nichtpiratische Handlungen (Raub auf einem Schiffe) ein. Binding, Handb., S. 379, N. 6 scheint, ganz mit Unrecht, dem St.G.B. die Nichterwähnung der Piraterie zum Vorwurf zu machen.

[2] In England gehört die piracy by the law of nations dem Common Law an; stat. pir. 11 u. 12 Will. 3 c. 7 s. 8 u. 9 (1698), 8 Geo. 1 c. 24 s. 1 (1721), 18 Geo. 2 c. 30 (1744), 5 Geo. 4 c. 113 s. 9 (1824). In den Ver. Staaten pir. by the l. of n. in Rev. Stat. von 1874 s. 5368 (s. o. S. 23, N. 3); stat. pir. s. 5369 (30. April 1790), 5371 (15. Mai 1820), 5373 (30. April 1790), 5374 (3. März 1847), 5375 u. 5376 (15. Mai 1820); Mischtatbestände, seit 1874 aber wegen s. 5368 für die pir. by the l. of n. nicht mehr von Bedeutung, sind s. 5370 u. 5372 (s. o. S. 23, N. 3). Durch die Unterlassung einer Definition in s. 5368 („piracy as defined by the law of nations") ist der Tatbestand des Common Law auch für das amerikanische Recht mafsgebend geworden.

polizeiliche Auffassung der Piraterie mit der englischen Auffassung nicht unvereinbar ist, s. o. § 3.

Die romanischen Staaten bringen in einem Abschnitt des Strafgesetzbuchs oder auch in Spezialgesetzen, meist unter einer besonderen Rubrik „Piraterie", eine Reihe von Tatbeständen, die sich nur teilweise als piratische Akte, zum anderen Teile als aufser aller Beziehung zum völkerrechtlichen Begriff der Piraterie stehende Handlungen darstellen, ohne dafs das Gesetz die Grenze irgendwie erkennen liefse. Dieser Gruppe gehören aufser dem französichen [1], italienischen [2], spanischen [3], mexikanischen [4], portugiesischen [5] und brasilischen [6], auch das niederländische [7] und das griechische [8] Recht an.

---

[1] „Loi pour la sûreté de la navigation et du commerce maritime" vom 10. April 1825. Die bis dahin geltenden strafrechtlichen Bestimmungen der Ordonnanzen und Kapereireglements gegen die Piraterie sind damit aufser Kraft getreten (Art. 21 des Gesetzes beschränkt die Anwendung der gewöhnlichen Derogationsgrundsätze nicht), nicht aber anderweite den Gegenstand betreffende Bestimmungen des Kapereireglements (arrêté du Gouvernement) vom 2 prairial an XI (22. Mai 1803). Das Gesetz von 1825 hat Pardessus zum Urheber.

[2] Codice per la marina mercantile vom 24. Okt. 1877, Teil II, Titel II, Kap. IV (Della pirateria).

[3] St.G.B. vom 30. Aug. 1870, Buch II, Titel I, Kap. IV (Piratería). Dieses Kapitel, das keine Definition enthält, will offenbar die wahren piratischen Akte treffen. Einige Fälle meist landesrechtlicher Piraterie enthält die noch gültige Kapereiordonnanz vom 20. Juni 1801, Art. 27 u. 29.

[4] St.G.B. vom 7. Dez. 1871 „für den Bundesdistrikt und das Territorium Niederkalifornien bezüglich der gemeinen Vergehen und für die ganze Republik bezüglich der Vergehen gegen den Bund", III. Buch, XV. Abschnitt, Kap. I (Piratería). In den meisten Einzelstaaten stehen mit diesem im wesentlichen übereinstimmende Strafgesetzbücher in Kraft, s. „Die Strafgesetzgebungen der Gegenwart" II (1899), S. 116, N. 2 und die Übers. des St.G.B. von Eisenmann, S. 188.

[5] St.G.B. vom 16. Sept. 1886, Art. 162 (sich auf wahre piratische Akte beziehend).

[6] St.G.B. vom 11. Okt. 1890, Art. 104—106.

[7] St.G.B. vom 3. März 1881; in Buch II, Titel 29 („Scheepvaartmisdrijven") gelten dem zeeroof die Art. 381 u. 382.

[8] Gesetz vom 30. März 1855 *περὶ Ναυταπάτης καὶ Πειρατείας*. Das Gesetz hat keine Definition und will offenbar nur wahre piratische Akte treffen. Sein Zweck war bezeichnenderweise die Milderung der Bestimmung des Art. 364 des St.G.B. vom 10. Jan. 1834, wonach Piraten unterschiedslos mit dem Tode bestraft wurden; das Landesrecht kann der Auflösung des völkerrechtlichen Tatbestandes in einzelne Handlungen

Die Landesgesetzgebungen des zweiten Systems sind die Ursache der Verwirrung, die in der Lehre von der Piraterie herrscht. Die englisch-amerikanische Auffassung verfälscht den Charakter des Rechtsbegriffes, wenn sie ihn für einen notwendig und lediglich kriminellen ansieht; die Willkür des französischen und der ihm verwandten Rechte in der Verwendung des Namens der Piraterie für eine Reihe sehr verschiedenartiger und durchaus selbständiger Tatbestände verführt zur Ausdehnung auch des völkerrechtlichen Begriffes und ist so zum Ausgang der „Quasipiraterie" geworden.

Gleichwohl ist der in Frage stehende Komplex strafrechtlicher Bestimmungen für die Gewinnung des völkerrechtlichen Tatbestandes der Piraterie nicht ohne Wert. Das Bestreben der romanischen Gesetzgebungen, dem völkerrechtlichen Tatbestande bei seiner landesrechtlichen Auflösung nahe zu kommen, hat zu einer Anzahl von Bestimmungen geführt, die für Art und Umfang desselben beachtenswerte Anhaltspunkte ergeben. Und das englisch-amerikanische Recht hat den Vorzug, Aufschlufs zu geben, ob und inwieweit in anderen Rechten als Piraterie qualifizierte Handlungen als wahre piratische Akte und das Gesamtverhalten ihrer Urheber als Piraterie betrachtet werden kann.

Über das österreichische Recht, das aus dem entwickelten Schema der Landesgesetzgebungen herausfällt, s. u. § 6, IV 3.

IV. Die Mannigfaltigkeit der mit dem Namen „Piraterie" verknüpften Vorstellungen nötigt zu einer Sicherung der Terminologie. Wir bezeichnen als Piraterie schlechthin den völkerrechtlichen Tatbestand (seepolizeilicher Tatbestand); als piratische Akte die im völkerrechtlichen Tatbestand als Zweck gegebenen einzelnen Handlungen (kriminelle Tatbestände, sofern nicht landesrechtliche Straf-

---

nach Mafsgabe kriminalistischer Rücksichten nicht entraten. Das Gesetz ist im folgenden nicht mehr berücksichtigt; vgl. Kosti, Lehrb. des griech. Strafr. III 1893; auch Samios, S. 30.

ausschliefsungsgründe vorliegen; sie sind, unter derselben Voraussetzung, die piracy juris gentium der Engländer); als landesrechtliche Piraterie landesrechtlich als Piraterie bezeichnete Handlungen, die in keiner Beziehung zu dem völkerrechtlichen Begriffe stehen (kriminelle Tatbestände; statutory piracy der Engländer).

V. Ohne Zweifel rein landesrechtlicher Natur und im folgenden nicht mehr zu berücksichtigen sind mehrere landesrechtliche Strafbestimmungen, die mit der Piraterie in offensichtlich nur ganz losem Zusammenhang stehenden Tatbeständen ihren Namen beilegen. Es sind die Bestimmungen des englischen und brasilischen Rechtes[1] gegen den Handel mit Piraten, ihre Unterstützung speziell durch Lieferung von Schiffen und anderen Gegenständen und gegen überhaupt jedes[2] Verständnis mit ihnen, des italienischen Rechtes[3] gegen Begünstigung und Hehlerei, des mexikanischen[4] gegen den Handel mit Piraten; ebenso die englischen und amerikanischen Vorschriften, die gewisse mit dem Sklavenhandel zusammenhängende Akte als piratisch bezeichnen (piratical slave-trading)[5].

§ 6. Die Piraterie in der Rechtsgeschichte; Nachwirkungen früherer Anschauungen; Folgerungen für den Tatbestand im geltenden Rechte.

I. Die Entwickelung[6] des Zusammenlebens der organisierten menschlichen Verbände verläuft in der Richtung

[1] 8 Geo. 1 (1721) c. 24 s. 1 erster Teil; bras. St.G.B. von 1890, Art. 106, § 2.

[2] „... shall any ways consult, combine, confederate or correspond with any pirate." Vorsichtiger Brasilien: „... ou entretiver com elles intelligencias que tenham por fim prejudicar o paiz."

[3] Cod. p. l. mar. merc. von 1877, Art. 332.

[4] St.G.B. von 1871, Art. 1130.

[5] 5 Geo. 4 (1824) c. 113 s. 9 (6 verschiedene Tatbestände), aufgenommen in die „Slave Trade Act, 1873", 36 u. 37 Vict. c. 88. Am. Rev. Stat. s. 5375 u. 5376 (15. Mai 1820). S. auch u. § 16.

[6] Wir verstehen unter Entwickelung ein zeitliches Nacheinander einander ersetzender Tatbestände. Die Verwendung des oft mifsbrauchten Wortes in diesem Sinne dürfte unbedenklich sein.

von einem die Verbände und ihre Angehörigen ergreifenden ständigen Kriegszustande zu einer friedlichen Gemeinschaft. Zwei Entwickelungsreihen stehen nebeneinander; der Krieg der Verbände wird zu einem Ausnahmezustande und zugleich auf die organisierte Streitmacht der Kriegführenden beschränkt[1].

Der Grund dieser Entwickelung ist die fortschreitende Anerkennung der menschlichen Persönlichkeit als eines Faktors von absolutem Wert. Der einzelne wird aus einer blofsen Partikel des Verbandes, dessen Leben das seine völlig einschliefst, zu einem selbständigen Wesen, das jenseits der Schranken des Verbandes Interessen universeller Natur kennt und an dem Innenleben des Verbandes nur noch in einem seiner Eigenart entsprechenden Umfang, innerhalb dieses engeren Kreises aber mit gröfserer Intensität teilnimmt. Zunehmende Extensität und Intensität der Persönlichkeit ist das Stichwort ihrer Entwickelung[2].

Der absolute Wert der Persönlichkeit ist in die Welt des Rechtes durch die moderne Naturrechtsschule eingeführt worden[3]. Das Naturrecht verkündet die Anerkennung dieses absoluten Wertes als ein Prinzip des geltenden Rechtes[4]. In der Tat nur ein Prinzip für die Rechtsbildung, hat der Gedanke seitdem das innerstaatliche Recht

---

[1] Die Behauptung von La Mache, La guerre de course, 1901, S. 134 f., die Wiedereinführung der Kaperei liege im Zuge der Entwickelung, ist nur aus der Tendenz der Schrift zu erklären.

[2] Damit soll nicht etwa der Anschauung beigetreten werden, die die neuere Entwickelung auf dem Wege zur Vollkommenheit sieht. Der Extensität des modernen Menschen entspricht seine Oberflächlichkeit; der Intensität die Arbeitsteilung, das Spezialistentum.

[3] Schon früher, ohne wesentlichen Erfolg, durch das christliche Naturrecht. In dem Christentum findet der ganze Gedanke vielleicht, wie seine kräftigste Stütze, so auch seinen historischen Ausgang. Die unmittelbare Verbindung des christlichen mit dem modern-naturrechtlichen Gedankenkreise stellt Grotius dar.

[4] Ein, wie es meint, natürliches, deshalb von je bestehendes Prinzip. Die in unmittelbarem Zusammenhang mit der Auffassung stehende Streitfrage über den „Naturzustand“ des Menschengeschlechts interessiert hier nicht (s. namentlich Pufendorf L. II, C. II de statu hominum naturali). Der Text behandelt nur die historischen Verhältnisse zwischen organisierten Verbänden.

umgestaltet und das Völkerrecht geschaffen[1]. Er ist der Ausgangspunkt des modernen Fremdenrechtes, das die rechtliche Grundlage der friedlichen wirtschaftlichen und kulturellen Beziehungen der Völker und damit der Kernpunkt des Völkerrechtes ist[2].

In den Rahmen der Entwickelung des gegenseitigen Verhältnisses der menschlichen Verbände von dem Zustande dauernden Krieges zu dem eines prinzipiellen Friedens fügt sich das historische Piraterierecht ein. Dabei müssen zwei Formen der Piraterie unterschieden werden.

II. Piraterie unter staatlicher Autorität. Der dauernde Kriegszustand zwischen den Staaten erlaubt diesen und jedem ihrer Angehörigen, dem anderen und seinen Angehörigen jeden möglichen Schaden zuzufügen.

Über diesen Zustand ist das Altertum nicht hinausgekommen. Moralische Vorstellungen, wirtschaftliche Bedürfnisse, die politischen Machtverhältnisse[3] mögen ihn tatsächlich gemildert haben; aber juristisch haftet noch nach dem Rechte der Digesten dem Raubstaatentum kein Makel an. Wenn auch die Römer selbst staatliche oder staatlich autorisierte Piraterie nur zur Erreichung politischer Zwecke betrieben zu haben scheinen, so erkennen sie doch auch ihre gewerbsmäfsige Ausübung als ein rechtmäfsiges Mittel des Völkerkampfes an; Raubstaaten sind hostes, rechtmäfsige Feinde[4].

---

[1] Der ideelle Zusammenhang des Naturrechts und des Völkerrechts ist historisch in der Person des Grotius verkörpert. Schon die Vorrede des „mare liberum“ trägt einen für beide Rechtsteile programmatischen Charakter. Der Grundgedanke ist: „Omnes naturalem inter se societatem esse atque cognationem.“

[2] Vgl. auch F. v. Martens, Deutsche Ausgabe, Vorwort, ferner Band I, S. 25 und sonst. Diese Betrachtungsweise nötigt aber nicht, mit v. Martens (I, S. 325 f.) den einzelnen Menschen als Träger von mit der menschlichen Persönlichkeit untrennbar verbundenen Urrechten und gar als internationales Rechtssubjekt anzuerkennen. Die Form des völkerrechtlichen Schutzes der Persönlichkeit ist die wechselseitige Berechtigung und Verpflichtung der Staaten.

[3] Krieg Roms gegen die Illyrier 229 v. Chr. Späterhin stehen die Küsten des Mittelmeeres restlos unter römischer Herrschaft.

[4] Vgl. Grotius L. III, C. III, § 2.

Die praktische Bedeutung der Anschauung besteht fast ausschliefslich darin, dafs das römische Postliminialrecht auch im Verhältnis zu Raubstaaten Anwendung fand.

In der germanischen Welt herrschten anfänglich dieselben Rechtsüberzeugungen. Der Fremde ist rechtlos [1]. Von der öffentlichen Gewalt organisierte oder autorisierte Raubzüge sind ruhmeswürdige Unternehmungen. Davon ist Sage und Geschichte voll [2].

Das Christentum begründet dann zum erstenmale in der Geschichte eine internationale Friedensgemeinschaft [3]. An die Staaten tritt die Anforderung heran, in Anerkennung der Persönlichkeit des Fremden Angriffe auf ihn und sein Gut zu unterlassen und ihre Angehörigen an ihrer Verübung zu hindern. Das Wesentliche des Vorgangs ist aber nicht die Unterdrückung der Piraterie, sondern die Umkehrung des Verhältnisses von Krieg und Frieden. Aus der Regel wird eine Ausnahme, aus der Ausnahme die Regel. Die Abolition der Piraterie in Friedenszeiten ist eine blofse Konsequenz des Wandels der Gesamtanschauung [4]; in Kriegszeiten besteht sie nach wie vor [5]. Erst seit dem 14. Jahrhundert nimmt die Piraterie der Untertanen die Rechtsform der Kaperei an [6]. (Mit dieser nur der äufseren

---

[1] Brunner, Deutsche Rechtsgeschichte I, S. 273; Heusler, Instit. d. deutschen Privatrechts I, S. 144 f.

[2] Pardessus I, S. 15: „C'était la conséquence naturelle de l'état habituel d'hostilité dans lequel une civilisation imparfaite plaçoit les peuples."

[3] In dieser sind freilich die Staaten nur als Provinzen gedacht.

[4] Das Landesrecht gewährt nunmehr auch Fremden Rechtsgüterschutz. In Norwegen erfolgte ein landesrechtliches Verbot der Piraterie scheinbar zum erstenmale im Gulathing von 940 (Pardessus III, S. 22). Doch kommen noch Raubzüge bis ins elfte Jahrhundert vor.

[5] Die nachmalige Durchführung des Schutzes der Privatpersonen und ihres Eigentums auch im Kriege ist nur für den Landkrieg vollständig gewesen. Zur See blieben die Privatpersonen Subjekt, ihr Eigentum Objekt der Kriegführung.

[6] D. h. es wird eine spezielle und meist auch formelle (Kaperbrief) Autorisation vorgeschrieben; G. F. v. Martens, Kaper, § 5 (die dort zitierte französische Ordonnanz ist nicht von 1400, sondern vom 7. Dezember 1373, s. Travers Twiss, Black Book, Einl., S. LXXVI; auch schon Pardessus IV, S. 224). Weitere Bestimmung aus älterer Zeit: Statut

Erscheinung nach verwandt ist die Wegnahme fremder Schiffe auf Grund von Repressalienbriefen in Friedenszeiten, ein Institut, das als Ersatz der bisher zulässigen Selbsthilfe Privater gegen fremde Staaten und fremde Untertanen seit dem 14. Jahrhundert ausgebildet wird[1].)

Die internationale Friedensordnung des Mittelalters und des Anfangs der Neuzeit beschränkt sich auf die Christenheit. Zwischen ihr und den mohammedanischen Staatswesen dauert das Verhältnis ununterbrochenen Kriegszustandes rechtlich und faktisch bis in das 16. Jahrhundert allgemein, bis in das 19. zwischen einzelnen Gliedern beider Kulturwelten fort[2]. Die in der älteren Literatur viel erörterte Frage,

---

von Cataro, 14. Jahrhundert, Kap. 400. Teilweise noch weiter zurückreichend findet sich die (seit dem 17. Jahrh. für Kaper allgemein geltende) Vorschrift der Hinterlegung einer Bürgschaft durch ausgehende Schiffe (cautio de non offendendis amicis), ohne daſs eine spezielle Erlaubnis zur Wegnahme feindlicher Schiffe schon notwendig wäre; s. Pisanisches Breve curiae maris von 1298, Kap. 24, Genuesische Statuten von 1313 und 1316 (Pardessus IV, S. 440); nur für auf Piraterie ausgehende Schiffe, Sizilisches Gesetz von 1399, Art. 3 (Pardessus V, S. 257), Aragonische Ordonnanzen von 1288, 1330, 1356. Art. 1 zit. sizilischen Gesetzes von 1399: „naues, quae ad piraticam exercendam armantur“; „mos piraticus“ auch später noch für die zum besonderen Rechtsinstitut gewordene Kaperei.

[1] G. F. v. Martens, Kaper, § 4. Man hält die Repressalienbriefe heute nicht mehr für zulässig; so F. v. Martens II, S. 468 f; v. Liszt, S. 301. Anders aber Blackstone-Stephen II, S. 495 (1903).

[2] Der Krieg gegen die Ungläubigen ist nach mohammedanischer Auffassung durch Rechtsvorschrift divini juris geboten. Die Kirche betont dagegen, daſs der Unglaube kein Grund zum Kriege sei; ihre Forderung des Friedens ist universell; aber die Eroberer vormals christlicher Länder sind von ihr ausgeschlossen; vgl. die Darstellung bei Grotius, mare liberum, Kap. 4.

Dauernder Krieg zwischen Spanien und Algier bis zum Vertrage vom 14. Juni 1786; der Mehrzahl der italienischen Staaten und Algier, Tunis, Tripolis bis ins 19. Jahrhundert (Herrmann, Über die Seeräuber im Mittelmeer, 1815, S. 185 f.); und namentlich des Johanniterordens gegen die ganze mohammedanische Welt, Carsten Niebuhr, Reisebeschreibung nach Arabien, 1774, I, S. 18: „Man kann es daher den Mohammedanern nicht verdenken, wenn sie eben das von den Maltesern denken, was wir Marokkanern, den Algirern, Tunesern und Tripolitanern Schuld geben. Diese Barbaren leben doch wenigstens mit verschiedenen christlichen Nationen in Freundschaft; die Malteser Ritter aber mit keiner Mohammedanischen.“

Im schwarzen Meere führen Christen, polnische Untertanen, noch im 17. Jahrhundert einen ständigen Raubkrieg zur See gegen die Türken ob die Barbareskenstaaten als Piraten oder rechtmäfsige Kriegsfeinde zu betrachten seien, hat eine einmütige Beantwortung nicht finden können[1], weil die Fragestellung irreführend ist. Ihre Piraterie ist eine aus vergangener Zeit in das moderne Völkerrecht hineinragende Erscheinung, die sich seinen Begriffen nicht einfügt. Die Praxis hat weder das moderne Kriegsrecht auf die Barbaresken angewendet noch sie als Piraten behandelt; die Beziehung der feindlichen Mächte steht unter altem Fremdenrecht, jus postliminii nach der Lehre der romanistischen Wissenschaft[2 und 3].

(Dan, Histoire de Barbarie, 2. Aufl. 1649, S. 10; dem Autor ist die Rechtmäfsigkeit ihrer Handlungen selbstverständlich, „ils ne les font que contre les ennemis de la foy"). — Einige Angaben über die Piraterie der Christen gegen die Mohammedaner auch bei Boutin, Anciennes relations commerciales et diplomatiques de la France avec la Barbarie 1550—1830, Paris 1902, S. 65 f.

[1] Sie sind nicht Piraten nach Bynkershoek, Quaest. Jur. Publ. L. I, C. XVII; zustimmend u. a. Kent, Int. Law, S. 406 f.. Pardessus I, S. 33. Für Piraten halten sie u. a. Vattel II, VI, § 78; Ortolan I, S. 252; Pradier-Fodéré, § 2492.

[2] So auch Bynkershoek a. a. O.: „Piratae non sunt, sed Civitates, quae certam sedem, atque ibi Imperium habent." Daraus folge die Anwendung des jus postliminii. Wenn er sie daraufhin als rechtmäfsige Feinde ansieht, so erklärt sich dies aus seiner Anschauung, dafs es nach geltendem Rechte („quod contra quemlibet hostem recte exercetur", a. a. O.) noch zulässig sei, Kriegsfeinde zu Sklaven zu machen, wenn eine solche Rechtsübung auch „moribus plerarumque Gentium nunc exolevit" (Quaest. Jur. Publ. L. I, C. III; vgl. auch Grotius III, VII, § 9). Die holländische Politik legte grofsen Wert auf ein gutes Einvernehmen mit den Barbaresken.

[3] Gefangene „Sarazenen", „Mauren", „Türken" werden Sklaven, Bynkershoek a. a. O. C. XVII: „Solent et Belgae eos captos in Hispaniam advehere et ibi, jure talionis, in servitutem vendere," ein solcher Verkauf in amtlichem Auftrage noch 1661 (C. III a. a. O.); Art. 1 des französisch-algerischen Vertrages von 1628 sichert den aus Algier feindlichen Ländern nach Frankreich geflüchteten versklavten Algeriern freie Rückkehr in die Heimat zu; Kap 32 der dem Consolato del mare angehängten Regeln über die Kaperei (14. Jahrhundert) gewährt dem Kapitän von jedem verkauften Sarazenen einen Byzantiner (Goldsolidus), vgl. auch Art. VII sic. Gesetzes von 1399 (Pardessus V, S. 257) und die Siete Partidas von 1266, partida V, titulo IX, ley 13; auf den Galeeren der Malteser befinden sich noch 1761 gefangene Mohammedaner als Sklaven, Carsten Niebuhr a. a. O., S. 18. Das Vermögen der Ungläubigen unterliegt der Wegnahme durch jedermann; gegen sie bleibt die Piraterie zulässig, so die oben S. 38, Anm. 6 zit. Pisanischen, Genuesischen, Sizilischen, Aragonischen Statuten, ferner Art. VII der Florenzer Capitoli pel viaggio di Barberia etc. aus dem 16. Jahrhundert (Pardessus IV, S. 594 u. 564) und c. 3 X V, 17, die sämtlich nur

Dieser Rechtszustand ist seit dem 16. Jahrhundert dadurch kompliziert, daſs eine Reihe europäischer Mächte ihre Beziehungen zu den Raubstaaten vertragsmässig regelte, andere einseitig ihnen gegenüber moderne Rechtsgrundsätze zur Anwendung brachten.

Innerhalb der christlich-europäischen Welt haben sich noch bis in die neuere Zeit Fälle faktischer Begünstigung der Piraterie durch staatliche Maſsnahmen ereignet. Doch war man stets bestrebt, einen formellen Bruch mit den Prinzipien des jeweils geltenden Rechtes zu vermeiden[1].

Über die Behandlung von Raubstaaten nach heutigem Rechte siehe unten § 12.

III. Die private Piraterie. Von der staatlich autorisierten Piraterie, einer alten Form des Lebens der Völker, ist von je die Piraterie als Unternehmen einer ohne alle Beziehung zu einem staatlichen Verbande auf eigene Faust handelnden Personenvereinigung unterschieden worden. Die Reaktion gegen die erste Form ist der Krieg[2]; die Bekämpfung der zweiten ist Aufgabe der Sicherheitspolizei und der Strafrechtspflege[3].

Die Grenzziehung zwischen beiden Formen stöſst auf

zum Schutze von „amici" und „fideles" bestimmt sind. Ihnen gehöriges Gut ist dem Strandrecht verfallen, Const. Friedrichs II. vom 22. Nov. 1220, § 8 = auth. Navigia Cod. 6, 2 const. 18 („nisi talia sint navigia, que piraticam exerceant, aut sint nobis, vel Christiano nomini inimica", Text nach Mon. Germ. Hist. LL, Sect. IV, Bd. 2, S. 109); c. 3 X V, 17; Portug. Gesetzbuch vom Ende des 15. Jahrhunderts, Buch II, Tit. XXII a. E. (bei Pardessus VI, S. 311); Rôles d'Oléron, Art. 45, Abs. 2: „car alors, s'ilz sont pyrates, pilleurs, ou escumeurs de mers, ou Turcs et autres contraires et ennemis de nostredicte foy catholicque, chascun peut prendre sur telles manieres de gens, comme sur chiens, et peut l'on les desrobber et spolier de leurs biens sans pugnition;" derselben Ansicht Schuback 1751, S. 203 f. Dieser ganze Rechtszustand ist in Spanien und Portugal bis ins 19. Jahrhundert bestehen geblieben, vgl. Pardessus VI, S. 13 u. 310.

[1] Selbst die Verbindung Albrechts von Mecklenburg mit den Viktualienbrüdern Ende des 14. Jahrhunderts, Frankreichs mit den Bukanieren im 17. Jahrhundert geschah in rechtlich zulässiger Form; s. auch G. F. v. Martens, Kaper, S. 23 u. § 8.

[2] S. vor unter II. Grotius L. II, C. XX, § 40 sieht in ihr einen gerechten Kriegsgrund.

[3] Vgl. Pardessus I, S. 33.

keine theoretischen Schwierigkeiten. Die Grenze ist durch den Staatsbegriff gegeben. Die Entscheidung im Einzelfalle mag, da auch das private Unternehmen immer eine fest verbundene Personenmehrheit voraussetzt, einem Geschichtschreiber der Piraterie oft nicht leicht werden[1]. Der gesicherte Bestand des modernen Staatensystems ermöglicht sie ohne Mühe.

Aber so wahr es ist, dafs gegen die nicht staatlich organisierte Piraterie nicht Krieg geführt wird, dafs Piraten nicht hostes sind[2], so sehr ist zu betonen, dafs der Tatbestand niemals als ein nur krimineller erscheint. Das historische Piraterierecht enthält eine Reihe von Elementen, deren Heimat nicht das Strafrecht, sondern das alte Fremdenrecht ist, und bildet insoweit ein Analogon des Kriegsrechtes, das auch seinerseits ganz im Fremdenrecht wurzelt. Wenn es in der Literatur gang und gäbe ist, die Piraten als hostes humani generis zu bezeichnen, so ist dies in den meisten Fällen nicht mehr als eine Floskel; die vereinzelt sich findende Bestimmung des right of search gegen Piraten als eines war-right[3] ist ohne Zweifel unrichtig; in beidem aber mag man Nachwirkungen alten positiven Rechtes erblicken.

[1] In den Anfängen der historischen Zeit verschwimmen die Grenzen ganz. Grotius III, III, § 2 bezieht Odyssee XIV, Vers 85—89 sicher zu Unrecht nur auf staatliche Piraterie, die Unterscheidung ist der Stelle fremd. Vgl. auch Mommsens lebendige Schilderung des Seeräubergemeinwesens im östlichen Mittelmeer, 1. Jahrh. v. Chr., Röm. Geschichte III, 8. Aufl., S. 43 f. („Wenn auf die Fahne dieses Staates die Rache an der bürgerlichen Gesellschaft geschrieben war, die, mit Recht oder mit Unrecht, seine Mitglieder von sich ausgestofsen hatte, so liefs sich darüber streiten, ob diese Devise viel schlechter war als die der italienischen Oligarchie und des orientalischen Sultanismus, die im Zuge schienen, die Welt unter sich zu teilen"). Über die straffe Organisation der Bukaniere s. Andree, Geogr. d. Welthandels I, S. 358 f.

[2] Pomponius l. 118 D. de verborum sign. 50, 16; Ulpianus l. 24 D. de captivis 49, 15; Paulus l. 19 § 2 D. eodem; Grotius III, III, § 1 f., II, XVIII, § 2 (zu beachten seine Terminologie, bellum justum sive solenne, wahrer Krieg, und bellum in einem weiteren Sinne, II, I, § 2: „ubi judicia deficiunt, incipit bellum"). Von neueren statt anderer Th. S. Woolsey, Right of search, S. 16: „There is no more war than there is between a gang of ruffians in Oklahoma and the United States. It is simply a detail of naval policy duty."

[3] Th. D. Woolsey, Introduction, S. 366.

Das römische Recht erkennt Piraten nicht als hostes an (s. S. 42, N. 2). Der Sinn dieses Satzes ist, dafs das jus postliminii ihnen gegenüber nicht gilt. Sie erwerben an den in ihre Hände gefallenen Sachen und Personen kein Eigentum. Der Inhalt des Satzes ist lediglich negativ, eine positive Bestimmung, dafs sie nach Strafrecht und Strafprozefsrecht zu behandeln seien, enthält er nicht. So ist denn auch das Vorgehen der Römer bei ihren grofsen Expeditionen gegen die Piraterie lediglich durch Zweckmäfsigkeit, nicht durch Rechtsgrundsätze bestimmt[1]. Ob und inwieweit in dem täglichen Kleinkampf gegen das Unwesen strafrechtliche Gesichtspunkte mafsgebend waren, ist aus den Quellen nicht ersichtlich[2].

---

[1] Beweis hierfür ist die Geschichte. Handeln der Staaten nach reiner Zweckmäfsigkeit ist eine auch dem modernen Rechte nicht fremde Erscheinung; so fehlt es für die Beziehungen zu Naturvölkern in vielen Fällen an jeder Regel völkerrechtlicher oder landesrechtlicher Natur.

[2] In Frage kommen: Actio vi bonorum raptorum, Privatstrafklage, D. 47, 8. Daneben kriminelle Bestrafung auf Grund der leges Juliae de vi; Mommsen, Röm. Strafr., S. 661, Note 5 schliefst aus mehreren Angaben, dafs als Ergebnis einer längeren Entwickelung die vis in dem ganzen Umfange der actio vi bon. rapt. kriminell bestraft wurde; Strafe s. Mommsen, S. 659, N. 4 und ferner D. 48, 19 l. 28 § 10 In l. 3 § 6 D. ad legem Juliam de vi publica 48, 6 ist der Fall der Dejektion von einem Schiffe besonders genannt. Eine Spezialstrafbestimmung gegen Piraten überhaupt fehlt

Es gibt spezielle Bestimmungen über Eigentumsverletzungen „bei Gelegenheit einer allgemeinen Kalamität“, Mommsen, S. 662, und zwar bestehen eine Privatstrafklage, D. 47, 9 (de incendio ruina naufragio rate nave expugnata) und l. 4 D. 47, 8 (turba) und für dieselben Tatbestände spezielle kriminelle Vorschriften, Ulpianus l. 1 § 1 D. 47, 9 „et quamquam sint de his facinoribus etiam criminum executiones . . .“ Diese Stelle bezieht sich auf Paulus Sent. V, 3, § 1 u. 3 (turba), Marcianus l. 3 § 1 D. ad leg. Jul. de vi publ. 48, 6 (incendium) und Marcianus l. 1 § 1 D. ad leg. Jul. de vi priv. 48, 7 (naufragium). Dafs die beiden letzteren Stellen nicht in die leges Juliae gehören, wohin sie in den Digesten geraten sind, ist in der kurzen Note Mommsens nur Behauptung. Es folgt aus Ulpianus l. 3 § 4 D. 47, 9 („non solum autem qui rapuit, sed et qui abstulit vel amovit vel damnum dedit vel recepit, hac actione tenetur“) in Verbindung mit Ulpianus l. 1 § 1 D. 47, 9. Denn die leges Juliae verlangen vis.

Dieser ganze Komplex von Bestimmungen trifft aber nicht die Piraterie, sondern nur bei Gelegenheit derselben von dritter Seite verübte Handlungen. So auch Mommsen, S. 662. Unrichtig Stypmannus, Jus maritimum 1652, in dem „Scriptorum de jure nautico fasciculus“ des Heineccius (Halle 1740), S. 577.

Im Seerechte des Mittelalters soll nach der gewöhnlichen Angabe der Literatur der Pirat rechtlos gewesen sein; jeder habe ihn angreifen, seines Eigens und Lebens berauben dürfen[1]. Eine solche vollkommene Rechtlosigkeit des Piraten aber hat, wenn überhaupt, nur vorübergehend und vereinzelt bestanden. Schon das Recht des 14. Jahrhunderts widerspricht der Lehre[2]. Welchen Sinn hätte es, Strafen festzusetzen und Gerichtszuständigkeiten zu bestimmen für Wesen, die einer Rechtspersönlichkeit nicht teilhaftig sind?

Seine Erklärung findet der so häufig ausgesprochene Satz darin, dafs tatsächlich einige ältere Autoren die Rechtlosigkeit der Piraten als geltendes Recht darstellen[3]. Sie

---

[1] Diese angebliche Rechtlosigkeit entspräche weder der „Friedlosigkeit" noch der „Rechtlosigkeit" im technischen Sinne. Die Behauptung geht vielmehr dahin, dafs der Pirat aufserhalb des schützenden Verbandes stehe, demnach das alte Fremdenrecht auf ihn Anwendung finde.

In ältester Zeit bezeichnet „vargus" den „Friedlosen" und den gewerbsmäfsigen Räuber (Brunner, D. Rechtsg. I, S. 168, N. 13; dazu II, S. 580, N. 30). Der Text bezieht sich auf Rechtssätze einer sehr viel jüngeren Zeit.

[2] Die französ. Ordonnanz vom 7. Dez. 1373 ordnet ein summarisches Verfahren gegen Piraten an, Zuständigkeit des Admirals (Text bei Travers Twiss, Black Book I, S. 432). In England ist der Admiral zur Bestrafung der Piraten zuständig schon nach dem ersten Zusatzartikel zu der „Inquisition taken at Quinborough" von 1375 (selbst aus etwas späterer Zeit, vgl. Travers Twiss Einl., S. 71. Text ebenda I, S. 148) und nach den späteren Articuli magistri Rowghton de officio Admiralitatis (Travers Twiss I, S. 221, 222). Ferner Strafbestimmungen gegen Piraterie in den Statuten von Cataro, 14. Jahrhundert, und von Sassari 1316, Teil III, Kap. 49. Das Consolato del mare Kap. 245 bestimmt (Text nach der Übersetzung von Pardessus): „Mais, s'il est prouvé qu'il a armé pour porter dommage à quelque personne nommément, ou à quiconque seroit rencontré par lui, et dans la vue de commettre des hostilités, de quelque manière qu'il amène un navire avec ou sans marchandises, qu'il l'ait pris aux ennemis, ou qu'il l'ait trouvé comme il a été dit, il ne doit rien en avoir, le tout doit être rendu au légitime propriétaire. Ceux qui ont armé de cette manière doivent être arrêtés et mis au pouvoir de la justice, afin qu'on procède envers eux comme envers des voleurs, si les faits ci-dessus sont prouvés;" wenn auch der in Satz 1 beschriebene Tatbestand sich nicht durchaus mit dem der Piraterie deckt, so ist doch zu erkennen, dafs dem Consolato die Rechtlosigkeit der Piraten fremd ist.

[3] Vgl. Schuback, S. 203: „Piratam, tamquam hostem, quin occidere liceat, nullum est dubium; an igitur contra naturam erit, spoliare eum, quem honeste est necare?" Stypmannus a. a. O., S. 578.

stützen sich dabei auf zwei Bestimmungen des kanonischen Rechtes, von denen jedoch der einen, c. 3 X V, 17 de raptoribus[1], nur kirchliche Bedeutung zukommt, die andere, c. siquis 6 Causa 23 quaest. 3[2], aber niemals in praktischer Geltung gestanden hat und stehen kann; und auf die auth. Navigia C. de furtis (c. 18 C. I. 6, 2), der in der Tat nur eine sehr viel engere Bedeutung zukommt (s. u. S. 46, N. 4 und oben S. 40, N. 3). Die Lehre ist eine der doktrinären und vorübergehenden Aufstellungen, die die Rezeption im Gefolge hatte.

In Wahrheit sieht das ältere Recht in dem Piraten ebensowenig einen Rechtlosen, einen Fremden oder Feind im alten Sinne, wie einen rechtmäfsigen Kriegsfeind. Die im Piraterierecht tatsächlich enthaltenen kriegsrechtlichen Bestandteile sind vereinzelt und genau umgrenzt; das Verhältnis ist das, dafs einem grundsätzlich polizeilichen und kriminellen Tatbestande einzelne Elemente kriegsrechtlichen Charakters anhaften. Folgende Punkte kommen in Frage.

1. Das Verbot der Piraterie schützt lange Zeit nur die Schiffe des eigenen und befreundeter Staaten. Zu den Feinden in diesem Sinne zählt man auch die Piraten. Fahrzeuge der „Feinde, Türken und Piraten" können weggenommen werden[3].

Eine spezielle Anwendung dieser Möglichkeit bildet die bei Gelegenheit der Regelung der Rückerstattungs- und Entschädigungsansprüche in zahlreichen älteren Gesetzen, auch den Hanserezessen, erwähnte Wiederabnahme geraubten Gutes durch Private.

---

[1] Conc. Later. III, 1179; bedroht mit excommunicatio latae sententiae Piraterie und Strandraub gegen Christen.

[2] Der Kanon erklärt die Verletzung von Räubern für straflos, wenn sie dadurch zu weiterer Begehung von Verbrechen unfähig gemacht werden.

[3] So die Anm. 6, S. 38 zit. Pisanischen, Genuesischen, Sizilischen, Aragonischen Bestimmungen. Ferner Statut von **Rimini** von 1303 L. III, 56 (**Pardessus** V, S. 113): „Statutum et ordinatum est quod nullus in districtu Arimanis navem aliquam expugnet, vel depredat nisi fuerit piratae vel inimicorum Arimini." Weiteres s. u. IV, 1.

2. Auch nach dem Aufkommen der noch dem heutigen Rechte angehörenden Rechtsformen der Bekämpfung des Feindes zur See stehen Piratenschiffe feindlichen Schiffen gleich. Sie stehen wie diese unter Prisenrecht[1].

3. Eine Recousse durch einen Piraten gibt ihm kein Recht auf einen Anteil[2].

4. Am klarsten ergibt sich die Hinneigung des Piraterierechtes zum Fremdenrecht aus den Rechtsregeln über das Strandrecht, in denen altertümliche Rechtsanschauungen sich nicht nur in diesem Punkte erhalten haben. Dem Strandrecht sind ursprünglich alle Fremden mit Leib und Gut verfallen[3]. Die es im Laufe des späteren Mittelalters unterdrückenden kaiserlichen, kirchlichen und einzelstaatlichen Gesetze lassen es gegen „Feinde, Türken und Piraten" bestehen[4]; die Bestimmung ist nicht eigentlich eine Ausnahmebestimmung gegen diese Personenklassen, sondern ein bloſses Unberührtlassen des alten Rechtszustandes.

IV. Reste kriegsrechtlicher Auffassung im geltenden Rechte. 1. Aufgebrachte Piratenschiffe

---

[1] Französ. Ordonnanz von 1681, Buch III, Tit. IX; englische „Act to prevent the delivering up of merchants shipps" von 1664.

[2] Consolato del mare Cap. 245, s. o. Anm. 2, S. 44.

[3] Brunner, D. Rechtsgesch. I, S. 273, N. 1; vgl. auch C.C.C., Art. 218. Es ist eine der populärsten Tatsachen der Rechtsgeschichte; die Erzählung von der Gefangennahme Harolds durch Guy von Abbeville nach seiner Strandung an der Küste von Ponthieu und seines Loskaufes durch Herzog Wilhelm ist durch die schöne Literatur sehr bekannt geworden.

[4] Auth. Navigia Cod. 6, 2 const. 18 (Text oben Anm. 3, S. 40); das Fehlen der Bestimmung in anderen kaiserlichen Konstitutionen im übrigen gleichen Inhalts (Friedrichs I. vom 4. Dez. 1177, Heinrichs VI. von 1196, Friedrichs II. für Sizilien von 1231) ist wohl zufällig. Die zit. Auth. in Frankreich eingeführt durch Ludwig den Zänker 1315 (Pardessus V, S. 253, N. 2). Ferner Rôles d'Oléron, Art. 45, Abs. 2 (Text oben Anm. 3, S. 40). Portug. Gesetzbuch vom Ende des 15. Jahrh., Buch II, Tit. XXII a. E. (Pardessus VI, S. 311). Vgl. namentlich auch Schuback, S. 203 f. Nach dem schwedischen Gesetz Karls XI. von 1667, Teil V, Kap. 1 (Pardessus III, S. 169) ist das Piraten gehörige Strandgut dem König verfallen; so auch französ. Ordonnanz von 1681, Buch IV, Tit. IX, Art. 18; letztere Bestimmung ist noch in Geltung. Den modernen Strandungsordnungen ist die ganze Ausnahme unbekannt.

unterliegen in einzelnen Ländern ganz [1], in anderen in einzelnen Beziehungen [2] prisenrechtlicher Behandlung. Die Differenz dieses Rechtszustandes von dem solcher Staaten, die über das Schicksal des Piratenschiffes lediglich die strafrechtlichen Regeln über die Einziehung entscheiden lassen, ist eine nicht blofs formelle, da ihm zufolge der Verlust des Eigentums nicht an einen kriminellen Tatbestand geknüpft ist [3].

2. Die Aburteilung der piratischen Akte gehört in mehreren Staaten zur Zuständigkeit der Militärgerichte [4]. Dafs diese Regelung nur als historische Reminiszenz, nicht als aus sachlichen Erwägungen hervorgegangen zu erklären ist, ergibt sich mit Sicherheit aus ihrer näheren Ausführung

---

[1] So in Frankreich, arrêté du Gouvernement (Kapereireglement) vom 22. Mai 1803, Art. 51 u. 52, Gesetz vom 10. April 1825, Art. 10 u. 16; vgl. Pistoye et Duverdy, Traité des prises, S. 33 f.; der Begriff der Piraterie ist in dieser Hinsicht notwendig enger als der den Strafbestimmungen des Gesetzes von 1825 (Art. 1—4) zu Grunde liegende (namentlich in Rücksicht auf Art. 4, Meuterei); für den Artikeln 1—3 des Gesetzes entsprechende Fälle liegen Entscheidungen vor, die das Schiff für gute Prise erklären (Dalloz, Org. maritime 946, 955). Ferner Spanien, Ordonnanz vom 20. Juni 1801, Art. 28. So auch Bluntschli, § 346, 347. Vergleichbar sind die Bestimmungen der Brüsseler Generalakte und des Quintuplevertrages über die Zusprechung des genommenen Schiffes an das Nehmeschiff.

[2] In Italien Konfiskation des Schiffes durch das Strafurteil, dann Verkauf und Behandlung des Erlöses, als wäre es für gute Prise erklärt, Cod. per la mar. merc., Art. 334, Abs. 3 und 228 f. In England Kondemnation des Schiffes durch besonderes Urteil eines Admiralty Court, Belohnung der Beteiligten nach den für die Tätigkeit bei der Unterdrückung des Sklavenhandels geltenden Regeln, „An Act to repeal an Act of the Sixth Year of King George the Fourth, for encouraging the Capture or Destruction of Piratical Ships and Vessels; and to make other Provisions in lieu thereof", 13. u. 14 Vict. c. 26 (1850). Ähnlich amerik. Rev. Stat. s. 4296 (3. März 1819) und 4297 (5. Aug. 1861).

[3] So verlangt amerik. Rev. Stat. s. 4297 nur Bestimmung des Schiffes zur Piraterie. Der Tatbestand der s. 4297 ist ein durchaus selbständiger und nicht krimineller.

[4] In Frankreich der Marinekriegsgerichte, franz. Gesetz von 1825, Art. 17, Code de justice militaire pour l'armée de mer vom 4. Juni 1858, Art. 90. Desgl. in Spanien, Marinegerichtsverfassungsgesetz vom 10. Nov. 1894, Art. 7, Nr. 14. In Österreich Zuständigkeit der Militärgerichte bezüglich der von der Kriegsmarine eingebrachten Seeräuber, Gesetz vom 20. Mai 1869, „betreffend den Wirkungskreis der Militärgerichte", § 1, Nr. 5.

im französischen und österreichischen Rechte[1]. Dagegen beruht die vereinzelt bestehende Kompetenz des höchsten Landesgerichtshofes[2] auf politischen, die historische Zuständigkeit der Admiralität[3] auf lokalen und technischen Rücksichten.

3. Die Strafdrohungen gegen piratische Akte zeichnen sich allgemein durch eine aufsergewöhnliche Härte aus. Doch erklärt sich diese angesichts der ungemeinen Schädlichkeit der Piraterie für das Wirtschaftsleben und der ihr zu Grunde liegenden gesellschaftsfeindlichen Gesinnung zur Genüge aus rein kriminalpolitischen Erwägungen. Nur das österreichische Recht, das von der Kriegsmarine eingebrachte Seeräuber unterschiedslos mit dem Tode bestraft und die Berücksichtigung der besonderen Erscheinungsform des Verbrechens, Täterschaft oder Teilnahme, Vollendung oder Versuch, ausdrücklich abweist[4], scheint der Auffassung des Piraten als eines nicht durch die Kriegsgesetze geschützten Feindes nicht ganz fern zu stehen, zumal gegen Seeräuber, deren man auf andere Weise als mit Hilfe der

---

[1] Nach Art 19 des Gesetzes von 1825 sind für das Verfahren gegen „Complices" französischer Nationalität, und wenn gegen solche und die „Auteurs principaux" gleichzeitig vorgegangen wird, für den ganzen Prozefs die ordentlichen Gerichte zuständig. Nach österreichischem Rechte kommen nicht von der Kriegsmarine eingebrachte Seeräuber vor die ordentlichen Gerichte.

[2] In den Niederlanden, zuständig der Hooge Raad der Nederlanden, Art. 93 des Gerichtsverfassungsgesetzes vom 18. April 1827 in der Fassung des Gesetzes vom 26. April 1884 (zuständig für die Tatbestände der Art. 381—385 und 388, 389 des St.G.B. von 1881).

[3] S. o. Anm. 2, S. 44. In England ist die Jurisdiktion über Piraten durch 7 u. 8 Vict. c. 2 s. 1 (1844) und 4 u. 5 Will. 4 c. 36 s. 22 (1834) den Assisen bzw. dem Central Criminal Court eröffnet, aber die der Admiralität (jetzt Admiralty Division des High Court of Justice) nicht formell beseitigt; s. Blackstone-Stephen IV, S. 266f., Harris, Criminal Law, 10. Aufl. 1904, S. 309, Russell I, S. 268 und 263, Note o a. E. („and by the Admiralty Court, thus constituted, the offence of piracy . . . may now be tried"; „thus constituted", d. h. zusammengesetzt nach 28 Hen. 8 c. 15, 1536, unter Mitwirkung einer jury). In den Kolonien Zuständigkeit der kolonialen Courts of Admiralty, Admiralty Offences (Colonial) Act, 1849 (12 u. 13 Vict. c. 96) und Colonial Courts of Admiralty Act, 1890 (53 u. 54 Vict. c. 27).

[4] Mil. St.G.B. vom 15. Jan. 1855, § 490; Tod durch den Strang.

Kriegsmarine habhaft geworden ist, die wesentlich milderen Vorschriften der allgemeinen Strafgesetze Anwendung finden (St. G. B. § 190 f.). Ähnlich drakonische Bestimmungen des englischen und amerikanischen Rechtes sind in neuerer Zeit beseitigt worden[1].

4. Eine in der Literatur sehr verbreitete Meinung lehrt, es bestehe als Korrelat der Feindschaft des Piraten gegen das Menschengeschlecht eine Befugnis jedes Handelsschiffes, ihn — ohne staatliche Ermächtigung — gefangen zu nehmen und unter gewissen Voraussetzungen sogar zu bestrafen. Diese Lehre ist zweifach unrichtig; eine solche Befugnis gibt es nicht; wenn es sie aber gäbe, so wäre sie nicht als eines der konservierten kriegsrechtlichen Elemente des Piraterierechtes zu verstehen.

---

[1] England; für piracy juris gentium Tod und forfeiture of lands and goods durch 28 Hen. 8 c. 15 (1536); so auch in allen Fällen der stat. pir. (zit. o. S. 32, N. 2). Die Todesstrafe ist für sämtliche Fälle durch 7 Will. 4 u. 1 Vict. c. 88 s. 1 beseitigt, die forf. of lands and goods durch 33 u. 34 Vict. c. 23 überhaupt aufgehoben. Jetzt als Resultat aus 7 Will. 4 u. 1 Vict. c. 88 s. 3 und 20 u. 21 Vict. c. 3 s. 2 penal servitude bis auf Lebenszeit. Ein Teil der Literatur bezieht 1 Vict. c. 88 s. 3 nicht auf die piracy juris gentium, so dafs durch das Gesetz zwar die bisherige Strafe aufgehoben, aber keine neue bestimmt wäre, so Stephen, Art. 108, Russell, S. 263, N. o, die beide dann, um eine Bestrafung überhaupt zu ermöglichen, auf die allgemeineren Bestimmungen zurückgreifen, durch die im Jurisdiktionsbereich der Admiralty begangene Handlungen derselben Strafe unterworfen werden, der sie unterliegen würden, wenn sie im Inlande begangen wären. Richtig u. a. Blackstone-Stephen IV, S. 185, Kenny, S. 316. Todesstrafe gegen pirates, aber nicht für piracy in 7 Will. 4 u. 1 Vict. c. 88 s. 2 (s. o. S. 20, N. 2). Ver. Staaten; die in der Akte vom 30. April 1790 und in allen späteren Bestimmungen über piracy (s. o. S. 32, N. 2) angedrohte Todesstrafe ist durch die Akte vom 15. Januar 1897 beseitigt. — Das französ. Gesetz von 1825 hat ein kompliziertes Strafensystem, Todesstrafe in sechs Fällen; auf piratische Akte im Sinne des Völkerrechts steht Todesstrafe für die „commandants, chefs et officiers“, für die anderen Mitglieder der Besatzung lebenslängliche Zwangsarbeit; eine kaum mit Sicherheit lösbare, in der Literatur anscheinend gar nicht behandelte Frage ist die der Einwirkung des Art. 5 der Konstitution vom 4. Nov. 1848, der die Todesstrafe „en matière politique“ beseitigt, auf Art. 4, Nr. 2 und namentlich Art. 3, Nr. 2 des Gesetzes von 1825; Art. 75 Code pénal, von dem letztere Bestimmung ein Anwendungsfall, aber immerhin eigenartiger Natur, ist, wird allgemein zur matière politique gezählt. — Auch die umfangreiche Spezialabhandlung von Viaud, La peine de mort en matière politique (Pariser These 1902) übergeht das Gesetz von 1825 mit Stillschweigen.

Eine kurze Betrachtung der Wurzel der Lehre scheint der geeignetste Weg sie zu widerlegen. Sie geht auf Grotius zurück: „Manet tamen vetus naturalis libertas, primum in locis, ubi judicia sunt nulla, ut in mari ... Idem locum habebit in locis desertis, aut ubi Nomadum more vivitur“ (L. II, XX, 8). Bei Pufendorf kehrt sie wieder: „Ab extraneo autem, si quis in ejusmodi loco [qui ad nullam civitatem pertinet] invadatur, non prohibetur ... ad extremum eundem persequi, ubi praevaluerit“ (L. VIII C. VI § 8). Der Inhalt ihrer Ausführungen ist, wie man sofort ersieht, kein anderer als der alte und wahre Satz, dafs, wo die Hilfe des Rechtes versagt, die eigene Kraft Schutz und Rächer ist, angewendet auf die lokale Begrenzung der Rechtsmacht. Nicht die Nichtzugehörigkeit des Gegners zu dem schirmenden Rechtsverbande, sondern dessen Nichterstreckung auf den Schauplatz des Vorfalls rechtfertigt die Anwendung privater Gewalt. Hiernach ist die Frage nach der Zulässigkeit privater Bestrafung der Piraten durch den jeweiligen positiven Umfang des Selbsthilferechtes bestimmt.

Ob ein solches Selbsthilferecht bestehe, war schon Grotius für seine Zeit nicht unzweifelhaft. Für einen Christen, lehrt er, sei es bedenklich[1], „poenam sumere de improbo quoquam, praesertim capitalem, quanquam id jure gentium nonnunquam permitti diximus: unde laudandus est mos eorum populorum, apud quos navigaturi instruuntur mandatis a publica potestate ad persequendos piratas si quos in mari repererint: ut data occasione uti possint, non quasi ausu suopte sed ut publice jussi“ (L. II, XX, 14)[2]. Der wenig jüngere Loccenius steht nicht an, den Inhalt dieses den Staaten erteilten Rates als geltendes Recht darzustellen (de jure maritimo, 1651, S. 963). Damit ist das

---

[1] Es ist die Form, in die sich nicht selten bei ihm neue, dem römischen Rechte widersprechende Rechtsgedanken kleiden.

[2] Einer Fortbildung der Lehre bei Pufendorf steht dessen These der Unzulässigkeit der Bestrafung fremder Staatsbürger entgegen.

Selbsthilfeverfahren durch ein öffentliches Verfahren ersetzt. In demselben Augenblick tritt die Befugnis der faktischen Ergreifung in den Vordergrund, die bisher neben dem Rechte der Bestrafung als etwas Selbstverständliches keine Hervorhebung fand (s. Grotius und Pufendorf im Text); die Strafverhängung bleibt den Gerichten vorbehalten[1].

Es mufs angenommen werden, dafs der modernen Literatur, soweit sie ein Recht der privaten Bestrafung der Piraten annimmt[2], der Gedanke des Selbsthilferechtes, wenn sie die Zulässigkeit der privaten Ergreifung lehrt[3], die Voraussetzung einer dahin gehenden staatlichen Autorisation zu Grunde liegt. Da nun Selbsthilferechte wie obrigkeitliche Befugnisse einzelner Personen nur aus der innerstaatlichen Rechtsordnung abgeleitet werden können, so ist klar, dafs die ganze Frage eine rein landesrechtliche ist[4].

Durch diese Erkenntnis löst sich die Frage der Befugnis der Kauffahrteischiffe zur Ergreifung und Bestrafung von Piraten im geltenden Rechte dahin, dafs die Behauptung eines solchen Rechtes als eines Bestandteiles des allgemeinen Völkerrechtes unzutreffend ist, nicht minder aber die der allgemeinen Nichtexistenz[5] derartiger Befugnisse. Das Landesrecht kann Selbsthilferechte verleihen und die Ausübung polizeilicher Befugnisse übertragen, wem ihm gut

---

[1] Loccenius, S. 963: „a privatis invadi possunt ... salva tamen magistratui loci jurisdictione, et instructione de modo prosequendi piratas."

[2] Auffälligerweise findet sich die Ansicht besonders in der deutschen Literatur. Heffter, § 104 (Der Sieger hat „Recht auf Leben und Tod", wenn sie auf der Tat begriffen werden und von Waffen Gebrauch machen); Holtzendorff in seinem Rechtslexikon unter „Seeraub" („auf frischer Tat überwältigt, darf der Seeräuber sofort vom Leben zum Tode gebracht werden"); Perels int. öff. Seer., S. 119; Binding, Handb., S. 379, N. 6. Ferner Bluntschli, § 348 für den Fall, dafs das Handelsschiff nicht imstande ist, die Gefangenen festzuhalten; so auch Pradier-Fodéré, § 2494 a. E.

[3] So Pradier-Fodéré, § 2491 a. E. und 2493 a. E.; Ortolan I, S. 233; Piédelièvre I, S. 580; Wheaton I, S. 142; Wharton, Crim. Law, § 1864; Hartmann, S. 204.

[4] Dafs der Staat völkerrechtlich verpflichtet sei, sie zu begründen oder nicht zu begründen, ist noch nirgends behauptet worden.

[5] So u. a. Gareis bei Holtzendorff II, S. 575; Ullmann, S. 214; Rivier I, S. 250.

scheint. Eine Vergleichung des deutschen und des nordamerikanischen Rechtes beweist die Positivität der entwickelten These; dem einen ist die Autorisierung von Handelsschiffen zur Verfolgung von Piraten fremd[1]; das andere[2] läfst sie zu[3 und 4].

V. Folgerungen für den Tatbestand. Der Tatbestand der Piraterie ist, mögen auch einige kriegsrechtliche Reminiszenzen an seinen ersten Ausgang erinnern, im modernen Rechte ein polizeilicher; der Pirat ist nicht Feind, sondern Objekt präventiver und strafender Staatstätigkeit.

Gleichwohl gibt es für die Erfassung des Tatbestandes keinen sichereren Ausgang als die historische Betrachtung. Die Tatsache, dafs die eine der geschichtlichen Formen der Piraterie eine rein kriegsrechtliche ist, dafs die zweite, unter einem von kriegsrechtlichen Elementen durchsetzten Rechte stehend, bei aller Verschiedenheit doch ein Analogon der ersten bildet, dafs endlich selbst das moderne Recht Bestandteile nicht polizei- oder kriminalrechtlicher Natur enthält, läfst vermuten, dafs die kriminelle Auffassung des

---

[1] D. h. es fehlt eine von dem allgemeinen Rechte abweichende Spezialbestimmung; die (in der völkerrechtlichen Literatur durchweg übersehene) Befugnis der vorläufigen Festnahme auf frischer Tat betroffener und fluchtverdächtiger Personen (§ 127 St.P.O.) steht natürlich auch Handelsschiffen zu.

[2] Rev. Stat. s. 4298 (5. Aug. 1861): „The President is authorized to instruct the commanders of the public armed vessels, ferner die Führer der Kaperschiffe, or the commanders of any other suitable vessels, to subdue, seize, take, and, if on the high seas, to send into any port of the United States, any vessel or boat built, purchased, fitted out or held for the purpose of being employed in the commission of any piratical aggression.“

[3] Die Festnahmebefugnis eines selbst angegriffenen Handelsschiffes dürfte in jedem Landesrechte bestehen (Deutschland § 127 St.P.O.). Ob Art. 10 des franz. Gesetzes von 1825 sich hierauf oder auf ein allgemeines Festnahmerecht bezieht, ist nicht klar (für die weitere Auffassung Pistoye et Duverdy, S. 55f.; im übrigen bringt die französische Literatur generelle Behauptungen, s. Anm. 3, S. 51, statt das eigene Landesrecht einer Prüfung zu unterziehen).

[4] Zur Ausübung der vertragsmäfsig begründeten internationalen seepolizeilichen Befugnisse können sich die Staaten regelmäfsig nur der Kriegsschiffe bedienen; die Nordseefischereikonvention, Art. 26, läfst seitens Belgiens auch „Staatsschiffe“, die Kabelkonvention, Art. 10, allgemein aufser Kriegsschiffen besonders dazu bestellte Schiffe anderer Art zu.

Tatbestandes ihm nicht gerecht wird, daſs nicht die Ahndung einzelner verbrecherischer Akte, sondern die Repression einer gesellschaftsfeindlichen Lebensführung in Frage steht. Und die Erkenntnis, daſs die Wurzel beider Formen das alte Kriegsrecht ist, der Rechtszustand allgemeiner Feindschaft der politischen Verbände, beeinfluſst wie die Auffassung des Charakters des Tatbestandes so auch die Bestimmung seines Inhaltes: die Lösung des Piraten von jedem der zu einer internationalen Friedensgemeinschaft verbundenen Staaten, die Richtung seiner Gewalttätigkeiten gegen prinzipiell jedes geeignete Objekt erscheinen als notwendige Merkmale des Begriffs.

§ 7. Die grundsätzliche Auffassung des Tatbestandes in der Literatur.

Die kriminalistische Auffassung sieht in der Piraterie eine einzelne mit den allgemeinen Merkmalen des Verbrechens ausgestattete Handlung. Sie ist in der Literatur aller Völker verbreitet. Den klarsten Ausdruck findet sie im Zusammenhang mit der Annahme der Identität des Tatbestandes in Law of Nations und Common Law (s. o. § 2) in englischen Sentenzen und literarischen Definitionen[1].

Wie aber bei der Unhaltbarkeit der Lehre von vornherein zu vermuten ist, ist auch die richtige Anschauung in der Literatur zu mannigfachem Ausdruck gekommen. Dies ist entweder in Form bedingungsloser Vertretung der seepolizeilichen Auffassung oder, häufiger, in Form der Aufnahme einzelner Elemente der seepolizeilichen in die grundsätzlich beibehaltene kriminalistische Auffassung geschehen. Die folgende Darstellung wird zeigen, daſs der einen oder der anderen Gruppe mit wenigen Ausnahmen alle Autoren

[1] Die alte und der gröſste Teil der neueren Literatur und Praxis stimmen überein. Typisch Hedges (Judge of the Admiralty) 1696: „Piracy is only a sea term for robbery, piracy being a robbery committed within the jurisdiction of the Admiralty." Ferner u. a. Stephen, Crim. Law, Art. 108; Russell I, S. 260; Wharton, Crim. Law, § 1860.

angehören, die der Lehre eine eingehendere Betrachtung gewidmet haben.

I. Die seepolizeiliche Auffassung sieht den Tatbestand der Piraterie durch ein auf die Begehung bestimmter Akte gerichtetes Unternehmen erfüllt; die tatsächliche Verwirklichung der Absicht und die strafrechtliche Qualifikation des hierdurch gesetzten Tatbestandes hat für sie kein Interesse. Sie findet sich bei Bynkershoek[1], Casaregis, de Broglie, Baud[2], Wheaton, Ortolan, Pradier-Fodéré, Bluntschli[3], Perels und Bonfils[4].

---

[1] Quaest. Jur. Publ. L. I, C. XVII: „Qui autem nullius principis auctoritate, sive mari sive terra rapiunt, piratarum praedonumque vocabulo intelliguntur." Diese meistzitierte aller Pirateriedefinitionen wird gewöhnlich mifsverstanden; es ist keine Frage, dafs sie die Lebensführung trifft, nicht einzelne Handlungen (rapiunt, nicht rapuerunt).

[2] Baud, S. 2, 3, Seeräuber im Sinne des Völkerrechts ist, wer „de zee eigenmachtig doorkruist met inzigt om de schepen van vriend of vijand, in tijd van vrede of van oorlog zonder onderscheid, aan te randen en te berooven"; leider findet diese in allen Punkten zutreffende Definition keine nähere Ausführung. Bei Baud, S. 3, N. 1, Casaregis: „Proprie pirata ille dicitur, qui sine patentibus alicuius principis et propria tantum auctoritate, per mare discurrit praedandi causa." Daselbst S. 3 de Broglie: „La piraterie ... c'est la profession de voleur de grand chemin sur la mer."

[3] Wheaton I, S. 141: „Les pirates sont ceux qui courent les mers, de leur propre autorité, pour y commettre des actes de déprédation, pillant à main-armée, soit en temps de paix, soit en temps de guerre, les navires de toutes les nations, sans faire d'autre distinction que celle qui leur convient pour assurer l'impunité de leurs méfaits." Wörtlich übereinstimmend (wie mehrfach in seiner Darstellung) Ortolan I, S. 232. Pradier-Fodéré, § 2491: „Le propre de la piraterie, le caractère essentiel du pirate, c'est de courir les mers pour son compte sans y être autorisé par le gouvernement d'aucun Etat, dans le but de commettre des actes de déprédation." Bluntschli, Art. 343: „Als Piraten-, Räuber-, Seeräuberschiffe werden die Schiffe betrachtet, welche ohne Ermächtigung eines kriegführenden Staates auf Beute fahren."

[4] Perels int. öff. Seer., S. 109: „Man versteht unter Piraterie ein ohne staatliche Autorisation in gewinnsüchtiger Absicht auf die Ausübung von Gewaltakten auf See gerichtetes bewaffnetes Unternehmen." Bonfils, § 594: „Quiconque entreprend en mer une expédition armée, sans l'autorisation préalable d'un Etat, c'est un pirate." — Dafs die auch in der englischen Literatur übliche Bezeichnung des Piraten als eines hostis humani generis mit der kriminalistischen Auffassung nicht verträglich ist, liegt auf der Hand. — Sehr bemerkenswert Stephen, Crim. Law, S. 79: „It is doubtful, whether persons cruising in armed vessels with intent to commit piracies, are pirates or not," und dazu S. 78, N. 1. Er hält die Aufbringung für zulässig, die Bestrafung für bedenklich. Seine

II. Die Undurchführbarkeit der kriminalistischen Auffassung, Piraterie tatsächliche Verübung eines einzelnen Verbrechens, hat dazu veranlafst, sie durch Einführung des Merkmals entweder der „faktischen Denationalisierung“ [1] oder der Richtung gegen prinzipiell alle Nationen zu modifizieren. Die Tatsache, dafs es auf diesem Wege angängig war, die unmöglichen Konsequenzen der unrichtigen Grundanschauung zu vermeiden, mag es erklären, dafs die verfehlte Grundanschauung selbst ihre Herrschaft noch immer behauptet.

Ein alle sich in dieser Richtung bewegenden Versuche gleichmäfsig treffender Vorwurf ist, dafs sie einen aus disharmonischen Elementen bestehenden Tatbestand konstruieren. Erklärt man den Tatbestand der Piraterie für einen kriminellen, so ist es unzulässig, zum mindesten aber inkonsequent, ihn durch die Verfolgung eines nicht politischen Zweckes seitens des Täters oder durch seine „intention of universal hostility“ bedingt sein zu lassen. Strafrechtliche Tatbestände, die je nach dem Zwecke, den der Täter verfolgte, oder nach der Absicht, sie gegen ein individuell oder aber nur generell bestimmtes Objekt zu verwirklichen, verschieden zu qualifizieren wären, sind ein Unding.

1. Die Versuche, die sich in der Richtung bewegen, das Merkmal der faktischen Denationalisierung (Lösung vom Heimatstaate) mit der kriminalistischen Grundanschauung zu verbinden, lassen eine Anordnung nach ihrer Intensität zu. Die energischste Einengung des Tatbestandes in dieser Richtung liegt in seiner Beschränkung auf Handlungen flaggenloser (rechtlich denationalisierter) Schiffe; darüber s. o. § 1; sie nimmt dem Tatbestande alle völkerrechtliche Bedeutung. Die Erhebung der faktischen Denationalisation des Schiffes oder der Besatzung in dem

---

Zweifel beheben sich mit der Unterscheidung des völkerrechtlich-seepolizeilichen und des landesrechtlich-strafrechtlichen Tatbestandes.

[1] Der „faktischen Denationalisierung“ in einem anderen, weiteren oder engeren als dem unten § 11 a. E. bestimmten Sinne.

Sinne, dafs sie ein aufserstaatliches Eigendasein führen[1], zum Begriffsmerkmal geht weniger weit; immerhin nimmt auch sie dem Rechtsinstitut den gröfsten Teil seines Wertes, da die modernen politischen Verhältnisse eine Lösung von jedem staatlichen Verbande in diesem Umfange kaum zulassen. Die engste Bedeutung hat die Einsetzung des Erfordernisses der Lösung vom Staatsverbande lediglich in dem Sinne, dafs die Handlung nicht zu einem politischen Zwecke vorgenommen sei, in den Tatbestand; diese namentlich von Hall[2] gegebene Konstruktion führt zu im wesentlichen zutreffender Entscheidung einiger Einzelfragen (s. u. § 14 und 15); aber den Hauptmangel der ganzen Auffassung, den, dafs ein Delikt faktisch vorliegen mufs, beseitigt sie natürlich nicht. Dafs ihr wie überhaupt der Tendenz der Durchsetzung des kriminalistisch gefafsten Tatbestandes mit Elementen des seepolizeilichen das richtige Gefühl seiner seepolizeilichen Natur zu Grunde liegt, wird bei Hall recht deutlich, wenn ihm bei Behandlung der Frage, ob an der Küste durch Anlanden verübte Gewalttaten als piracy betrachtet werden können, der Satz entschlüpft: „a pirate does not so lose his piratical character by landing within state territory that piratical acts done on shore cease to be piratical;“ hier ist es plötzlich nicht mehr der einzelne Akt, der den Täter als Piraten charakterisiert, sondern umgekehrt wird der Akt zu einem piratischen dadurch, dafs dem Täter ein piratischer Charakter beiwohnt.

2. Ein ähnliches Ergebnis wie die zuletzt geschilderte Art des Vorgehens erreicht die Aufnahme der Klausel

---

[1] Woolsey, Introd. S. 233 (Personen, nicht „at the time pertaining to any established state“). Ähnlich Bluntschli (§ 350: „Schiff, welches sich dem Verbande mit einem geordneten Staate entzogen hat“), der aber als Anhänger der seepolizeilichen Auffassung (s. Anm. 3, S. 54) nicht hierhin zu stellen ist.

[2] S. 259 („its essence consists in the pursuit of private, as contrasted with public, ends“), s. aber näher unten § 14. Ferner Rougier, S. 285 („le but purement privé“).

„Richtung gegen prinzipiell jedes taugliche Objekt" (s. o. § 5 I) in den im übrigen kriminalistisch gefafsten Tatbestand. Diese Konstruktion beherrscht die amerikanische Literatur[1], ist in der kontinentalen sehr verbreitet und selbst der englischen nicht durchaus fremd[2].

§ 8. Der seepolizeiliche Charakter des Tatbestandes.

I. Der Gegensatz der seepolizeilichen und der kriminalistischen Auffassung des Tatbestandes der Piraterie besteht darin, dafs die eine in ihr eine öffentliche Gefahr sieht, die bekämpft werden mufs, die andere ein Verbrechen, das Bestrafung fordert.

Der Inhalt des Tatbestandes ist, wie ja auch die Qualifizierung eines Tatbestandes als eines strafrechtlichen über seinen speziellen Inhalt keine Auskunft gibt, durch seinen Charakter positiv nur dahin bestimmt, dafs nur ein gefahrbringendes Unternehmen, demnach, die Begriffe im strafrechtlich-technischen Sinne genommen, weder „Handlung" noch „Verschulden" gegeben zu sein braucht. Aber die

[1] Kents Definition (Commentaries on American Law, 12. Aufl. 1873, I, S. 184): „Robbery, or a forcible depredation on the high seas, without lawful authority, and done animo furandi, and in the spirit and intention of universal hostility," siehe auch Report zum Penal Code 1901, S. XXVI (der sie annimmt) und Kent, Int. Law, S. 399; ferner Bishop, § 1058 (und dort, Note 3, Richter Nelson); Th. S. Woolsey, Right of search, S. 16; auch Mr. Seward, Sec. of State, to Mr. Van Valkenburgh, 19. Febr. 1869 (Wharton, Int. Law, § 380). Abweichend Wharton, s. o. Anm. 1, S. 53 (streng kriminalistisch) und Wheaton, s. S. 54, Anm. 3 (seepolizeilich).

[2] Attlmayr, Internat. Seer. 1872 I, S. 19; Den Beer Poortugael, S. 181; Fiore, Droit international, § 494 f.; Dalloz, Organisation maritime 941; Piédelièvre I, S. 578; Samios' Dissertation ist auf dem Gedanken aufgebaut (hier wie meist stark durch Pradier-Fodéré beeinflufst. Die Arbeit ist unbedeutend). Von Engländern namentlich Kenny, S. 316; Phillimore, S. 491, zitiert in diesem Sinne Richter Jenkins, im entgegengesetzten, S. 501, Dr. Lushington in The Magellan Pirates (typischer Ausdruck der herrschenden englischen Überzeugung, streng kriminalistisch: „All persons are held to be pirates who are found guilty of piratical acts, and piratical acts are robbery and murder upon the high seas ... it was never, so far as I am able to find, deemed necessary to inquire whether the parties so convicted had intended to rob or to murder on the high seas indiscriminately." The Mag. Pir. waren chilenische Aufständische).

richtige Grundauffassung ist negativ in allen Einzelpunkten von größter Bedeutung, insofern sie, anders als die kriminalistische, einer dem wirklichen Rechtszustande entsprechenden Bestimmung der Merkmale des Pirateriebegriffes nicht entgegensteht.

Daſs nun aber die seepolizeiliche Auffassung des Tatbestandes zutreffend ist, hat schon die Betrachtung der Rechtsfolgen, der Geschichte des Piraterierechtes und der Literatur vermuten lassen. Die folgende Darstellung gibt den Nachweis aus dem positiven Rechte (der Tatbestand nicht Verbrechen, sondern Gefahr); wesentlich unterstützend wird dann auch die Entwickelung der einzelnen Tatbestandsmerkmale sein (§ 9 f.), da sie gröſstenteils einem strafrechtlichen Tatbestande ihrem Wesen nach nicht angehören können.

II. Die vornehmste Quelle (s. o. § 5) der Erkenntnis des völkerrechtlichen Tatbestandes der Piraterie, die Instruktionen der Staaten an die Kommandanten der Kriegsschiffe, lassen über seinen seepolizeilichen Charakter keinen Zweifel. „Seeraub ist jedes ohne staatliche Ermächtigung in räuberischer Absicht auf die Ausübung von Gewaltakten auf See gerichtete bewaffnete Unternehmen", definieren die deutschen „Bestimmungen für den Dienst an Bord" vom 21. Nov. 1903[1]; und in breiter Ausführlichkeit setzen die amerikanischen Revised Statutes dem Tatbestande des Common Law, den sie ihren Straf- und Zuständigkeitsbestimmungen zu Grunde legen (s. 5368), zum Zwecke, die Zulässigkeit der Festnahme von Piratenschiffen und damit die völkerrechtliche Seite der Angelegenheit zu regeln, einen seepolizeilichen Tatbestand zur Seite: „Any vessel built, purchased, fitted out in whole or in part, or held for the purpose of being employed in the commission of any piratical aggression, search, restraint, depredation, or seizure,

[1] § 23, Nr. 21; Instruktion von 1877, II: „Wird ein Kommandant auf hoher See . . . den Akt einer Seeräuberei oder deren Vorbereitung gewahr, so steht ihm das Recht zu . . ."

or in the commission of any other act of piracy, as defined by the law of nations, shall be liable to be captured and brought into any port of the United States if found upon the high seas or to be seized if found in port or place within the United States, whether the same shall have actually sailed upon any piratical expedition or not, and whether any act of piracy shall have been committed or attempted upon or from such vessel or not[1]."

In den Landesstrafgesetzgebungen eine Bestätigung der Auffassung zu finden, sollte man kaum erwarten (vgl. o. § 5). So sehr man darüber streitet, welche Bedeutung im Strafrecht der verbrecherischen Gesinnung zukomme, darin stimmen alle ernsthaften Theorieen überein, daſs eine bestimmte verbrecherische Handlung (materielles Verbrechen, Rechtsgüterverletzung) notwendige Voraussetzung zum Eintritt des Strafzwanges sein muſs. Der völkerrechtliche Pirateriebegriff hat sich nun aber in der üblichen Vermischung des völkerrechtlichen und landesstrafrechtlicher Tatbestände mächtig genug erwiesen, selbst diese Fesseln zu sprengen. Eine Anzahl von Landesrechten pönalisiert die piratische Lebensführung ohne Rücksicht auf wirkliche Begehung eines piratischen Aktes, bestraft die sozialgefährliche Gesinnung, nicht die verbrecherische Tat[2]. Die unter diesen Gesichtspunkt fallenden Bestimmungen stehen in ihrem Werte für die Eruierung des völkerrechtlichen Tatbestandes hinter den Instruktionen für die Kriegsmarinen

[1] s. 4297, 5. Aug. 1861. Dagegen setzen die Queens Regulations von 1899, Art. 450, Begehung piratischer Akte voraus.

[2] Die Möglichkeit strafrechtlicher Tatbestände dieser Art (formell strafrechtliche, materiell polizeiliche Tatbestände) ist natürlich vorhanden. Die Bedingung der Strafe durch eine effektiv verwirklichte bezw. versuchte Rechtsgüterverletzung ist nicht mehr als eine rechtspolitische Forderung.

Als Grund für den Bruch mit sonst herrschenden strafrechtlichen Prinzipien könnte man die Schwierigkeit des Nachweises der einzelnen piratischen Akte ansehen; aber diese ist für die in Betracht kommenden Staaten nicht gröſser als für diejenigen, deren Strafbestimmungen gegen die Piraterie eine geschehene Rechtsgüterverletzung voraussetzen.

kaum zurück; sie stellen dieselbe Erscheinung unter Strafe, die jene polizeilicher Verfolgung aussetzen [1].

Die in Frage stehenden Landesgesetzgebungen zerfallen in zwei Gruppen.

1. Das niederländische und das portugiesische Strafgesetzbuch enthalten als einzige Strafbestimmung gegen die Piraterie die Pönalisierung der Zugehörigkeit zu einem zur Begehung piratischer Akte bestimmten Schiffe [2].

2. Das französische, spanische, italienische und brasilische Recht stellen neben einzelnen piratischen Akten die Zugehörigkeit zur Besatzung eines Schiffes unter Strafe, das unter Umständen das Meer befährt, die es der Piraterie verdächtig erscheinen lassen. Die französische Bestimmung [3] ist, da sie nicht ausdrücklich Piraterieverdacht, sondern nur die ihn begründenden objektiven Momente (armé et naviguant sans être ou avoir été muni pour le voyage de passe-port, rôle d'équipage, commissions ou autres actes constatant la légitimité de l'expédition) in den Tatbestand aufnimmt, des öfteren in der Richtung mifsverstanden worden, dafs man meinte, ihr Ziel sei nicht die Unterdrückung der Piraterie, sondern lediglich die Pönalisierung von Ordnungswidrig-

---

[1] Nur setzt der strafrechtliche Tatbestand Zurechnungsfähigkeit voraus.

[2] Die Verschiedenheiten beider Bestimmungen ergibt ihr Text.

Niederl. St.G.B. vom 3. März 1881, Art. 381: „Als schuldig aan zeeroof wordt gestraft:

1⁰ met gevangenisstraf van ten hoogste twaalf jaren, hij die als schipper dienst neemt of dienst doet op een vaartuig, wetende dat het bestemd is of het gebruikende om in open zee daden van geweld te plegen tegen andere vaartuigen of tegen zich daarop bevindende personen of goederen, zonder . . .

2⁰ gleiche Bestimmung für die übrigen Mitglieder der Besatzung, Gefängnis bis zu neun Jahren.

Portug. St.G.B. vom 16. Sept. 1886, Art. 162: „Qualquer pessoa que commetter o crime de pirataria, commandando navio armado, e cursando o mar, sem commissão de algum principe ou estado soberano, para commetter roubos ou quaesquer violencias, será condemnado . . .

§ 2: ähnliche Bestimmung für die Besatzung.

[3] Gesetz von 1825, Art. 1, Nr. 1; völlig übereinstimmend Bras. St.G.B., Art. 106, § 1.

keiten in den Schiffspapieren[1]. Dafs ihr in der Tat der Gedanke des Piraterieverdachtes zu Grunde liegt, läfst schon die Härte der Strafe annehmen; es ergibt sich mit aller Sicherheit aus einer (prisengerichtlichen) Entscheidung des Conseil d'État vom 24. Dez. 1828[2], durch die, dem Geiste des Gesetzes entsprechend, seinem Wortlaute zuwider, trotz Vorliegens der objektiven Momente nach tatsächlicher Widerlegung des Verdachtes der Piraterie die Lossprechung des Schiffes erfolgte, und ferner aus den entsprechenden italienischen und spanischen Bestimmungen, die an das Vorliegen derselben objektiven Momente ausdrücklich die praesumptio juris der Piraterie knüpfen[3].

Diese Gruppe von Rechtsvorschriften ist auch deshalb von Interesse, weil sie ergibt, dafs die oft aufgestellte These, es sei jedes flaggenlose Schiff (rechtlich anationale Schiff) der Piraterie verdächtig, dem positiven Rechte widerspricht, das einen solchen Verdacht nur bei heimatlosen (sans être ou avoir été muni de passe-port) und zugleich bewaffneten Schiffen Platz greifen läfst[4].

Von den niederländischen und portugiesischen unterscheidet sich die hier behandelte Gruppe von Bestimmungen dadurch, dafs sie den Verdacht des piratischen Charakters des Schiffes genügen läfst, jene nachweisliche Bestimmung des Schiffes zur Piraterie verlangen.

---

[1] Baud, S. 141, übersieht ganz, dafs es sich nur um bewaffnete Schiffe handelt. Royer-Collard (bei Calvo, § 489) hält die Bestimmung für rein landesrechtlich.

[2] Bei Dalloz, Org. marit. 947 („Lorsqu'il résulte de l'instruction et des renseignements transmis par le ministre des affaires étrangères, que l'objet d'un armement n'était pas de commettre des actes de piraterie"). In demselben Sinne hatte sich bei der parlamentarischen Beratung des Gesetzes der Berichterstatter in der ersten Kammer geäufsert (Pistoye et Duverdy I, S. 33).

[3] It. Cod. p. l. mar. merc., Art. 324 („saranno considerate come dedite alla pirateria"); span. Ordonnanz vom 20. Juni 1801, Art. 27 („y en caso de estar armadas en guerra, sus cabos y oficiales serán tenidos por piratas;" im Gegensatz zu den Vorschriften der anderen Staaten ist hier der Verdacht auf Personen in führender Stellung beschränkt).

[4] S. o. § 1. Richtig Pistoye et Duverdy I, S. 416; Gessner, Droit des neutres 1865, S. 388.

III. Die Piraterie ein Unternehmen gegen das Völkerrecht. Der völkerrechtliche Tatbestand der Piraterie ist nicht deliktischer Natur. Wenn damit die gewöhnliche, hin und wieder auch bekämpfte, Bezeichnung des Tatbestandes als eines Deliktes wider das Völkerrecht[1] in sich hinfällig ist, so ergibt sich doch nur die ganz analoge Frage, ob man sie als ein Unternehmen gegen das Völkerrecht charakterisieren darf.

Der Begriff der „Delikte wider das Völkerrecht" ist sehr unsicher. Die gegen ihn gerichtete Polemik Triepels, des einzigen Autors, der den Gegenstand einer kritischen Untersuchung unterzogen hat („Völkerrecht und Landesrecht" S. 329 f.), hebt mit Recht hervor, daſs er verfehlt ist, wenn man darunter eine Verletzung des Völkerrechts durch ein Individuum versteht. Triepel versäumt aber zu prüfen, ob ihm denn auch wirklich überall, wo mit ihm operiert wird, eine solche Bedeutung beigelegt wird. Daher stehen seine Ausführungen einer Auffassung nicht entgegen, die als Delikt wider das Völkerrecht ein solches verbrecherisches Verhalten ansieht, das zu pönalisieren und zu verfolgen die Staaten völkerrechtlich verpflichtet sind[2]. Der Begriff, so gefaſst, ist möglich und unbedenklich.

In Übertragung desselben Gedankens auf polizeiliche Tatbestände, deren Bekämpfung den Staaten als eine gemeinsame Pflicht obliegt, ist man hiernach berechtigt, die Piraterie als ein Unternehmen gegen das Völkerrecht zu bestimmen. Ein Delikt gegen das Völkerrecht wäre sie selbst dann nicht, wenn der Tatbestand ein krimineller wäre; denn die Pflicht der Staaten zur Repression ist nicht eine Pflicht zur Bestrafung der Schuldigen (s. o. § 1).

---

[1] Piraterie als „Delikt wider das Völkerrecht", „Völkerrechtswidrigkeit", „Verletzung des Völkerrechts" ganz allgemein bei den Engländern, s. o. S. 20, N. 1. Ferner u. a. bei Heffter, § 104; Gareis bei Holtzendorff II, S. 572. Das mexikanische St.G.B. von 1871 behandelt sie in dem Abschnitt: „Delitos contra el derecho de gentes."

[2] So v. Martitz I, S. 60.

IV. Der Inhalt des Tatbestandes zerlegt sich in einen objektiven und einen subjektiven Bestandteil (vgl. o. § 5 I), entsprechend der „Handlung“ und dem „Verschulden“ der strafrechtlichen Tatbestände. Das dritte der allgemeinen Begriffsmerkmale strafbarer Handlungen, die Rechtswidrigkeit, ist der völkerrechtlichen Piraterie nicht minder eigen, bedarf aber einer besonderen Darstellung nicht, weil staatliche Autorisation den Begriff überhaupt ausschliefst (s. u. § 12), die übrigen Ausschlufsgründe der Rechtswidrigkeit (Notwehr, Notstand, berechtigte Selbsthilfe, Einwilligung des Verletzten) aber für einen Tatbestand, der nur durch ein gewerbsmäfsiges Unternehmen verwirklicht wird (s. u. § 11), seiner Natur nach kaum in Betracht kommen.

Dem seepolizeilichen Charakter des Tatbestandes zufolge treten in ihm, anders als in strafrechtlichen Tatbeständen, die objektiven Elemente hinter den subjektiven ganz zurück, und bestehen die subjektiven Elemente nicht so sehr in dem Wissen oder Wollen gegenwärtiger als in der Absicht zukünftiger Handlungen. Dem subjektiven Tatbestande ist eine die Gefahr seiner Verwirklichung nahebringende Intensität wesentlich, nicht aber sein Ursprung in einem Verantwortlichkeit (Zurechnungsfähigkeit) begründenden psychischen Zustande.

§ 9. Der objektive Tatbestand.

Damit, dafs man die Piraterie als ein auf Begehung rechtsgüterverletzender Akte gerichtetes Unternehmen charakterisiert, leugnet man nicht jeden objektiven Tatbestand. Es bleibt die Notwendigkeit näherer Bestimmung der ihn konstituierenden sinnfälligen Erscheinungen.

Die Merkmale des objektiven Tatbestandes sind das Vorhandensein eines Schiffes (I) mit Besatzung (II) und eine lokale Beziehung des Schiffes zur hohen See (III).

I. Dafs der Begriff der Piraterie mangels Existenz eines Piratenschiffes nicht erfüllt sein kann, ist in dem Grade allgemeine Überzeugung, dafs man gewöhnlich der Tatsache gar nicht ausdrücklich gedenkt; es folgt schon daraus, dafs die wesentlichste Rechtsfolge des Unternehmens die rechtliche Denationalisierung eben des Schiffes ist. Eine grofse Anzahl landesrechtlicher Definitionen hebt das Merkmal der Benutzung eines Schiffes hervor[1]. Blofse Ausrüstung eines Schiffes genügt nicht[2].

II. Das Schiff bedarf einer Besatzung. Das Verhältnis, in dem ihre einzelnen Mitglieder zu dem subjektiven Tatbestande stehen müssen, wird durch die übliche Redewendung „Begehung der Piraterie durch ein Schiff" richtig bezeichnet. Die piratische Gesinnung braucht nur denjenigen Mitgliedern beizuwohnen, die die Aktion des Schiffes tatsächlich bestimmen.

Der Piraterie ist bandenmäfsige Begehung notwendig. Ob man deshalb eine „Organisation" für erforderlich hält[3], ist eine Frage rein terminologischer Art.

III. Dafs der Tatbestand der Piraterie irgendwie mit der hohen See zusammenhänge, ist nicht zweifelhaft. Eine Beziehung des Begriffs auf Vorgänge, die sich in allen ihren Teilen auf dem Lande abspielen, hat einen vernünftigen Sinn nur auf Grund der englischen Auffassung, die ihm seine Stellung im Bereiche des völkerrechtlichen internationalen Strafrechts anweist, findet sich jedoch auch in der englischen Literatur nur vereinzelt[4]; im Zusammenhange der kontinentalen Anschauung ist sie inhaltlos[5].

---

[1] Französ. Gesetz von 1825 in allen Artikeln; ital. Cod. p. l. mar. merc., Art. 320; niederl. St.G.B., Art. 381; u. a. m.

[2] Das niederl. St.G.B., Art. 383, bedroht die Ausrüstung als selbständiges Delikt im Gegensatz zum Seeraub. Das norwegische St.G.B. kennt ein besonderes Delikt der Ausrüstung eines Schiffes zum Zwecke des Raubes, s. o. S. 32, N. 1.

[3] Dagegen Pradier-Fodéré, § 2491.

[4] Halleck I, S. 396 f. bezeichnet private militärische Invasionen als piracy, so dafs Aburteilung „in the courts of any State having custody of the offenders" zulässig wäre. Vgl. ferner Field, Art. 83 u. 650.

[5] Senly, La piraterie, Pariser These 1902, S. 98 f., konstruiert in der Tendenz, den Einfall Jamesons in die südafrikanische Republik zu brandmarken, eine „piraterie terrestre". — Es ist der einzige originelle Gedanke in der flüchtig zusammengeschriebenen Arbeit, deren letztes Kapitel (S. 129 f.) aus Perels, Int. öff. Seer., 1. Aufl. (1884 französisch erschienen) entlehnt ist.

Flufspiraterie und Strandraub sind nicht Piraterie im Sinne des Völkerrechtes[1]. Es sind Erscheinungen, die für das Völkerrecht keine gröfsere Bedeutung haben als andere über die Grenzen des staatlichen Polizeihoheits- und Jurisdiktionsbereiches nicht hinausgehende verbrecherische Unternehmungen. Sie stehen unter den Regeln des Interventions-, nicht des Piraterierechtes (s. u. § 12); das Piraterierecht gehört in den Gedankenkreis der Meeresfreiheit (s. o. § 1).

Wie nun aber diese notwendige Beziehung der Piraterie zur hohen See des näheren beschaffen sei, ist sehr bestritten.

Die kriminalistische Auffassung spaltet sich in fünf Richtungen; man sieht als notwendig an die Begehung des Verbrechens entweder „auf hoher See“[2] oder „within the jurisdiction of the admiralty“[3] oder „aufserhalb der Gerichtsbarkeit eines Staates der Völkerrechtsgemeinschaft“[4] oder „auf hoher See oder von hoher See aus“[5]; des öfteren findet sich endlich die lokale Bestimmung in der Weise gegeben, dafs man den Kreis der Objekte der piratischen Handlungen

[1] S. auch Perels, S. 109, 110; Gareis bei Holtzendorff II, S. 574.

[2] v. Liszt, S. 211; Den Beer Poortugael, S. 182; Fiore, Droit international, § 495; Bras. St.G.B. von 1890, Art. 104, § 1; amerik. Rev. Stat. s. 5368.

[3] So die herrschende englische Auffassung. The High Court of Admiralty war zuständig für gewisse innerhalb eines besonders abgegrenzten, hauptsächlich das Meer umfassenden räumlichen Bezirks („jurisdiction of the Admiralty;“ über die Grenzen, die mit denen des staatlichen Seegebietes nicht zusammenfallen, siehe Stephen, History of the criminal law II 1883, S. 24 f.) begangene Verbrechen. Piracy ist robbery, soweit sie zur Zuständigkeit der Admiralität gehört. Vgl. Richter Jenkins, 1668, bei Phillimore I, S. 491; Richter Hedges, s. o. S. 53, N. 1; Russell I, S. 10; Stephen, Art. 108. Stat. pir. ist die Begehung gewisser Verbrechen durch Untertanen in demselben Bezirk, ausdrücklich in 18 Geo. 2 c. 30 (1744), 11 u. 12 Will. 3 c. 7 s. 9 (1698), 5 Geo. 4 c. 113 s. 9 (1824).

[4] Lawrence, Principles, S. 210: „outside the territorial jurisdiction of any civilised state,“ so auch Handbook, S. 65; Woolsey, Right of search, S. 16. Diese Abgrenzung bezweckt die Erstreckung des Begriffs auf von hoher See aus in staatlosem Gebiet begangene piratische Akte.

[5] Hall, S. 260 (s. o. § 7, II, 1; ihm schliefst sich an Westlake, Int. Law 1904 I, S. 177); Woolsey, Introduction, S. 233; Piédelièvre I, S. 578, N. 10.

auf Schiffe und ihren Inhalt beschränkt[1]. Bei den Anhängern der seepolizeilichen Auffassung findet man entweder ebenfalls eine der skizzierten Ansichten, mit der Modifikation, dafs der umschriebene Bezirk nicht als Ort einer begangenen Handlung, sondern als Schauplatz zu begehender erscheint[2], oder aber es wird die räumliche Begrenzung von der einzelnen Handlung losgelöst und in den objektiven Bestandteil des seepolizeilichen Tatbestandes aufgenommen[3].

Diese letzte Ansicht ist die richtige. Damit der objektive Tatbestand der Piraterie gegeben sei, ist notwendig, dafs das Piratenschiff sich wenigstens zeitweise auf hoher See aufhalte, mag sonst der Sitz des Unternehmens sich in einer Staatsgewalt unterworfenem oder in staatlosem Gebiet befinden. Das offene Meer mufs als Operationsfeld oder als Operationsbasis erscheinen. Dagegen ist gleichgültig, welchen Schauplatz die Piraten zur Begehung der piratischen Akte zu wählen gedenken[4]. Diese Auffassung wird der historischen Tatsache gerecht, dafs die Piraterie immer, wo sie einen gröfseren Umfang annimmt, in der Form einer Verbindung von „Seeräuberei“ und Küstenraub auftritt; sie ermöglicht es, die internationale Verfolgung des Unwesens auch auf solche Fahrzeuge auszudehnen, die etwa unter Schonung der durch ihre Flagge gedeckten Seeschiffe ihre räuberische Tätigkeit auf unter einer ohnmäch-

---

[1] Franz. Gesetz von 1825, Art. 2; ital. Cod. p. l. mar. merc., Art. 320; mexikan. St.G.B. von 1871, Art. 1127, Abs. 1; österr. Mil. St.G.B., § 490.

[2] Perels, S. 109: ein auf die Ausübung von Gewaltakten „auf See“ gerichtetes Unternehmen; so auch deutsche „Bestimmungen für den Dienst an Bord“, § 23, Nr. 21. Ferner niederl. St.G.B. von 1881, s. S. 60, N. 2.

[3] So Baud („de zee doorkruist“); Casaregis („per mare discurrit“); Wheaton, Ortolan, Pradier-Fodéré („qui courent les mers“); Bonfils („entreprend en mer une expédition armée“), s. die Zitate oben S. 54, N. 2—4. Portug. St.G.B. von 1886 („cursando o mar“), s. o. S. 60, N. 2.

[4] Pradier-Fodéré, § 2491: „peu importe pour la qualification de ce brigandage, qu'il s'accomplisse en pleine mer ou sur des côtes.“

tigen Regierung stehende Küstenstriche beschränken[1]. Andererseits steht sie mit den Landesstrafgesetzgebungen, die an der Küste begangene piratische Akte nicht als solche bestrafen[2], nicht in Widerspruch, da die Bestrafung nicht völkerrechtliche Pflicht ist (s. o. § 1).

Die landesstrafrechtlichen Regeln über den Begehungsort der piratischen Akte geben in Verbindung mit den staatsrechtlichen Regeln über die Erstreckung der Strafgerichtsbarkeit (s. S. 15, Anm. 4 und S. 2, Anm. 1) ein vollständiges Bild über den Umfang, in dem piratische Akte einer Bestrafung in den einzelnen Ländern unterliegen.

§ 10. Der subjektive Tatbestand. a) Die Richtung des Unternehmens gegen prinzipiell alle Nationen.

I. Vorfragen. Das Unternehmen der Piraterie ist eine gemeinsame Gefahr für alle Nationen. Nur aus diesem Grunde erkennen alle es als Pflicht, zu seiner Repression beizutragen.

Diese Sätze sind, so oft sie auch aufgestellt werden, so weit entfernt, auch in ihren Konsequenzen allgemein anerkannt zu sein, daſs man sogar solche Akte als Piraterie bezeichnen konnte, die in ihrem Ursprung, ihrem Verlauf und ihren Folgen völlig dem Innenleben eines Schiffes angehören[3]. Der Nachweis der Notwendigkeit allgemeiner Feindseligkeit des Piratenschiffes erfordert zuvor die Widerlegung solcher Aufstellungen, die aus dem Tatbestande die — über den Bereich des Schiffes hinausgehende — aggressive Tendenz ganz ausschalten wollen.

---

[1] Die Anerkennung dieses Bedürfnisses liegt auch den Ansichten der S. 65, N. 4 u. 5 zitierten Autoren zu Grunde.

[2] S. o. S. 65, N. 2, 3 und S. 66, N. 1. — Der Raub an der Küste von der See aus findet besondere Erwähnung in dem ital. Cod. p. l. mar. merc., Art. 323, nur für die ital. Küste; und in den am. Rev. Stat. s. 5371 (15. Mai 1820), deren Tatbestand der Report zum Entwurf eines Penal Code 1901, S. XXVIII, als statutory piracy auffaſst.

[3] Die Angabe bei Gareis, Holtzendorff II, S. 573, der gewaltsame Angriff auf Schiffe sei an der Definition unbestritten, ist insoweit nicht zutreffend.

Die Definition der piracy im Common Law, robbery within the jurisdiction of the admiralty, ist so weit, dafs sie robbery, verübt von Mitgliedern der Besatzung untereinander, einzuschliefsen scheint[1]. Doch wird dieselbe allgemein in entgegengesetztem Sinne ausgelegt, und entsprechend betrachtet man in den Vereinigten Staaten die Tatbestände der Rev. Stat. s. 5370 (15. Mai 1820 s. 3) und s. 5372 (30. April 1790 s. 8), soweit sie sich auf Vorgänge innerhalb des Schiffes beziehen, als statutory piracy[2].

Einen speziellen Fall der auf den Lebenskreis des Schiffes beschränkten robbery aber sieht eine grofse Zahl englischer und amerikanischer Autoren als piracy by the law of nations an. Wenn eine aufrührerische Mannschaft das Schiff an sich bringt, so soll dadurch, ohne dafs Gewaltakte gegen Dritte begangen oder geplant würden, der Tatbestand der Piraterie erfüllt sein[3]. Einen offiziellen Ausdruck hat der Gedanke in der von v. Martitz (II S. 682 N. 31) bemerkten Tatsache gefunden, dafs in den belgisch-britischen Auslieferungsverträgen von 1872 (Nr. 16) und 1876 (Nr. 17) der „Prise d'un navire par les marins ou passagers par fraude ou violence envers le capitaine“ des

---

[1] Hintrager, S. 69, ist der Ansicht, sie begreife auch Raub auf dem Schiffe.

[2] s. 5372: „murder or robbery or any other offense which, if committed within the body of a county, would by the laws of the United States be punishable with death;“ s. 5370: „robbery in or upon any vessel, or upon any ship's company of any vessel, or the lading thereof;“ stat. pir. nach Kent, Int. Law, S. 399 f.; Wharton, Crim. Law, § 1862; Report zum Entwurf eines Penal Code, S. XXVI („yet if it were committed on a foreign vessel it would be manifestly incompetent for the United States to punish such an offense“); s. auch v. Martitz, Rechtshilfe I, S. 66, N. 14.

[3] Hall, S. 261 („revolt of the crew and conversion of the vessel and cargo to their own use“ in ausdrücklichem Gegensatz zur „attack from without“); Lawrence, Principles, S. 209, 210; Bishop, § 1059 (und dort zit. Richter Hedges 1696); Kenny, S. 315 („a good example of piracy according to International Law“); Oppenheim, § 274; Wheaton I, S. 143, nach dem auch fernere Verbrechen an Bord des Meutererschiffes Piraterie sein sollen, mit ihm übereinstimmend Ortolan I, S. 239 und Calvo, § 492; endlich auch Hintrager, S. 70 und Attlmayr, Int. Seerecht I, 1903, S. 54.

französischen Textes „Piracy by law of nations" des englischen entspricht[1].

Es liegt auf der Hand, dafs die ganze Auffassung mit der Grundanschauung, die in der Piraterie ein einzelnes Verbrechen im technischen Sinne sieht, aufs engste zusammenhängt, mit ihr fällt. Doch auch im Rahmen dieser Grundanschauung ist sie unhaltbar. Im Herrschaftsgebiete des Tatbestandes des Common Law (s. o. Anm. 2, S. 32) erfreut sie sich einer ungeteilten Anerkennung nur im englischen Rechte, und selbst dieses zählt eine Reihe nahe verwandter Tatbestände zur statutory piracy[2]; das amerikanische Recht steht ihr positiv entgegen[3]. Die romanischen Rechte charakterisieren zwar den Tatbestand als Piraterie, lassen aber keinen Zweifel, dafs es sich um eine rein innerstaatliche Ausdehnung des Begriffes handelt[4]. Das nieder-

---

[1] Die Tatbestände des englischen und des französischen Textes schliefsen einander aus; hier interessiert nur, dafs die prise par les marins nicht piracy ist.

[2] 11 und 12 Will. 3 c. 7 s. 9 (1698), sechs Tatbestände: „(1) if any commander or master of any ship, or any seaman or mariner, shall ... turn pirate, enemy or rebel, and piratically and feloniously run away with his or their ship or ships, or any barge, boat, ordnance, ammunition, goods or merchandizes, (2) or yield them up voluntarily to any pirate; (3) or shall bring any seducing message from any pirate, enemy or rebel; (4) or consult ... with, or attempt ... to corrupt any commander ... or mariner to ... (wie 1 und 2); (5) or if any person shall lay violent hands on his commander, whereby to hinder him from fighting in defence of his ship and goods; (6) or shall confine his master, or make or endeavour to make a revolt in the ship, he shall ... be ... deemed ... a pirate."

[3] Rev. Stat. s. 5360 (30. April 1790, 3. März 1835): „if any one of the crew of an American vessel on the high seas ... unlawfully and with force, or by fraud, or intimidation, usurps the command of such vessel from the master or other lawful officer in command thereof, ... he is guilty of a revolt and mutiny." Von piracy ist nicht die Rede. So auch Wharton, Int. Law, § 380 f. (S. 463); Supreme Court 1818 bei Moore, S. 59.

[4] Französ. Gesetz von 1825, Art. 4, Nr. 1 („Tout individu faisant partie de l'équipage d'un navire ou bâtiment de mer français qui, par fraude ou violence envers le capitaine ..., s'emparerait dudit bâtiment"), dazu Baud, S. 144 f. („geene spoor van de eigenlijke zeerooverij") und Pradier-Fodéré, § 2502; ital. Cod. p. l. mar. merc., Art. 327; brasil. St.G.B., Art. 104, § 3.

ländische Strafgesetzbuch endlich kennt das Verbrechen, ohne es als Piraterie zu bezeichnen[1].

Ist aber auch der Aufruhr auf dem Schiffe, der zu dem Übergange der Schiffsgewalt auf die Meuterer führt, an sich, selbst wenn er die Merkmale des Raubes trägt, ein lediglich den Flaggenstaat angehender Vorfall, so wird doch nicht selten ein piratisches Unternehmen von ihm seinen Ausgang nehmen. Die Frage, ob und wann Piraterie vorliegt, kann jedoch nur nach den gewöhnlichen Regeln entschieden werden[2].

Unbestritten ohne völkerrechtliche Bedeutung sind die in einigen Landesstrafgesetzen als Piraterie bezeichneten Tatbestände der Überlieferung eines Schiffes an Piraten oder Feinde durch ein Mitglied der Besatzung[3] und der gewaltsamen Verhinderung des Kommandanten an der Verteidigung gegen sie[4].

II. So allgemein die Bezeichnung des Piraten als eines hostis humani generis ist, so wenig ist man oft geneigt, als piratische Unternehmungen nur solche zu betrachten, die sich gegen alle Nationen ohne Unterschied wenden. Vornehmlich in der englischen Literatur pflegen Name und Definition der Erscheinung in einem unvermittelten Widerspruche zu stehen. In der Bezeichnung ragt der wahre Charakter der Piraterie selbst in solche Darstellungen hinein, die sonst in ihr nichts anderes als einen strafrechtlichen mit völkerrechtlichen Rechtsfolgen ausgestatteten Tatbestand, einen durch den Begehungsort ausgezeichneten Fall der robbery sehen wollen.

---

[1] St.G.B., Art. 386 („die zich wederrechtelijk van het schip meester maakt").

[2] Übereinstimmend u. a. Perels, S. 110; Pradier-Fodéré, § 2507; Piédelièvre I, S. 586; Mr. Marcy, Sec. of State, to Mr. Starkweather, 18. Sept. 1854, bei Wharton, Int. Law, § 380. — Die praktische Bedeutung der Frage beweisen die Vorgänge bei der russischen Flotte im Sommer 1905.

[3] Französ. Gesetz von 1825, Art. 4, Nr. 2; ital. Cod. p. l. mar. merc., Art. 328; brasil. St.G.B., Art. 104, § 4; England s. o. S. 69, N. 2.

[4] Amerik. Rev. Stat. s. 5369 (30. April 1790); brasil. St.G.B., Art. 104, § 5; England s. o. S. 69, N. 2.

Der Begriff der Piraterie verlangt eine Gefahr für alle Nationen. Das lehrt die Betrachtung ihres historischen Zusammenhanges mit dem Zustande allgemeiner Feindschaft der politischen Verbände (s. o. § 6), und nicht minder das System ihrer Rechtsfolgen. Der Sinn der ihrer Bekämpfung dienenden Rechtsnormen kann kein anderer sein, als dafs sie, in universeller Feindseligkeit den in der internationalen Friedensgemeinschaft vereinigten Nationen gegenüberstehend, auch ihrerseits einer internationalen Verfolgung ausgesetzt ist. „Die Aufgabe der Kriegsschiffe . . . umfafst die Befugnis, da einzuschreiten, wo die allgemeine Sicherheit auf See betroffen oder bedroht ist, und hier einen internationalen Rechtsschutz auszuüben, für die gemeinsamen Interessen aller seeschiffahrttreibenden Nationen einzutreten, denen der Pirat als Feind gegenübersteht“ (Perels S. 113).

Die Richtung gegen alle Nationen wird in einem grofsen Teile der Literatur als Voraussetzung des piratischen Charakters eines Unternehmens anerkannt (s. o. S. 54, N. 1—4 und bes. S. 57, N. 1 u. 2); zumal die geistvolle und umfangreiche Darstellung Pradier-Fodéré's ist in allen ihren Teilen auf die Unerläfslichkeit dieses Merkmales gegründet[1]. Die dem völkerrechtlichen Tatbestande nahekommenden landesrechtlichen Definitionen des portugiesischen und des niederländischen Strafgesetzbuchs sowie der deutschen „Bestimmungen für den Dienst an Bord“ von 1903 bringen den Gedanken in der Form zum Ausdruck, dafs sie als piratisch nur ein auf Begehung einer Mehrzahl von Akten gerichtetes Unternehmen kennzeichnen (s. o. § 8 II und S. 60 Anm. 2).

Eine nähere juristische Formulierung wird das Merkmal dahin bestimmen, dafs dem Piraten die species des Rechtsgutes, dem generell seine Angriffe gelten, vertauschbare Werte sind. Existenz und Art einer persönlichen Beziehung des Trägers des Rechtsgutes wie einer sachlichen seines realen Substrates zu einer Staatsgewalt sind ihm

[1] Vgl. auch G. F. v. Martens, Kaper, § 1; Bynkershoek, Quaest. iur. publ. L. I, C. XVII, die Barbaresken „piratae non sunt . . . et quibuscum nunc pax est, nunc bellum“.

gleichgültig. Nur solche Beschränkungen legt er sich auf, die im Interesse seiner eigenen Sicherheit geboten [1] und die daher seine Gefährlichkeit nur zu erhöhen geeignet sind.

Das Merkmal universeller Feindseligkeit gibt einen Anhalt für die Entscheidung, inwieweit die Rechtsform der Kaperei nicht einhaltende, im Kriege auf Seebeute ausgehende Privatschiffe sowie Schiffe nicht als kriegführende Macht anerkannter Parteien eines Bürgerkrieges sich der Piraterie schuldig machen (darüber s. u. § 14 und 15). Es schliefst die hier und da sich findende Qualifizierung eines den Seestreitkräften einer kriegführenden Macht angehörenden Schiffes, das unter falscher Flagge Hostilitäten begeht, als eines Piraten aus [2].

Ein nur gegen einen einzelnen Staat oder dessen Bürger gerichtetes Unternehmen ist somit nicht Piraterie (s. aber Anm. 1; in Frage kommt etwa ein Unternehmen aus Rache). Der verletzte Staat braucht, wenn das angreifende Schiff ihm angehört, einen Eingriff dritter Staaten nicht zu dulden. Er kann es aber, wenn ihm diese Art der Bekämpfung beliebt, durch Entziehung des Schutzes der Flagge allgemeiner Verfolgung aussetzen.

§ 11. b) Der Inhalt der piratischen Akte.

Es ist die Frage, Akte welcher Beschaffenheit beabsichtigt (oder, unter Zugrundelegung der kriminalistischen

---

[1] Wheaton I, S. 141: „pillant . . . les navires de toutes les nations, sans faire d'autre distinction que celle qui leur convient pour assurer l'impunité de leurs méfaits."

[2] An Verletzungen der loi de guerre unter den Kriegführenden sind dritte Mächte nicht interessiert. Die im Text bezeichnete etwas seltsame Behauptung findet sich bei Rosse, Guide international du commandant de bâtiment de guerre, 1891, S. 113; Field, Art. 766; Calvo, § 496 (nur für Kaper). Der Gegner ist, wie regelmäfsig bei Übertretung der Kriegsgesetze, zur Ahndung nach Mafsgabe seines innerstaatlichen Strafrechts befugt, so auch amerik. Naval War Code von 1900, Art. 7 und 8 (eine Instruktion für die Marine, inzwischen nach Angabe Holland's, Rev. d. dr. i. 1905, S. 369, wieder aufser Kraft getreten) und ital. Cod. p. l. mar. merc., Art. 326 („ostilità contro nazionali od alleati"). — Französ. Gesetz von 1825, Art. 2, Nr. 3 (altes französisches Recht, Ordonnanz von 1681, Buch III, Tit. IX, Art. 5) und brasil. St.G.B., Art. 105, § 2 (nur für Kaper) bedürfen restriktiver Interpretation.

Auffassung des Tatbestandes, begangen) sein müssen, damit der Tatbestand der Piraterie gegeben sei.

I. Unangefochten ist nur ein Bestandteil des Inhalts piratischer Akte, das Mittel der Begehung. Nur Gewalthandlungen sind piratische Akte[1]. Gewalt ist Ausübung eines physischen oder psychischen Zwanges gegen Menschen.

Unternehmungen, die auf die Aneignung seetriftiger Güter gerichtet sind, sind nicht Piraterie; die zum Schutze des Eigentums an ihnen bestehenden landesrechtlichen Strafbestimmungen finden sich nicht im Zusammenhange der die Piraterie betreffenden Normen, sondern sind meist in Verbindung mit den Bestimmungen über die Strandungsdelikte gebracht[2].

II. 1. Mit dem Satze, dafs piratische Akte notwendig Gewaltakte sind, ist nur eine äufserste Grenze gezogen. Es ist notwendig zu bestimmen, ob und wieweit man durch Aufstellung weiterer Erfordernisse innerhalb dieser Grenze den Begriff zu beschränken hat, insbesondere ob man ihm nur räuberische Akte subsumieren oder ihn auch auf Gewalthandlungen gegen die Person erstrecken darf. Es ist einer der unsichersten Punkte des Piraterierechtes. Literatur und Gesetzgebung sind durchaus uneinheitlich. Doch wird eine Zurückführung der in ihrer Bedeutung meist überschätzten Frage auf ihren wahren Umfang es ermöglichen, Stellung zu nehmen.

Die Piraterie als Unternehmen gegen prinzipiell alle Nationen mufs sich stets gegen eine Mehrzahl von Rechtsgütern wenden und kann sich nur gegen solche richten, denen in den Augen des Täters eine durch eine irgendwie gestaltete Beziehung zu einer Nation gegebene individuelle

---

[1] Vgl. statt anderer Gareis bei Holtzendorff II, S. 573; Kenny, S. 315.

[2] „Épaves maritimes" im französischen, „wreck" im englischen Rechte (Merchant Shipping Act, 1894, s. 510 f.) bezeichnet strand- wie seetriftige Güter; siehe ferner deutsche Strandungsordnung von 1874, § 20 f.; ital. Cod. p. 1 mar. merc., Art. 134 f.; norweg. Strandungsgesetz vom 20. Juli 1893, § 1; niederl. Wetboek van Koophandel, Buch II, Tit. 7.

Bestimmtheit nicht beiwohnt. Zerlegt man nun die Rechtsgüter in Interessen der Gesamtheit, persönliche Interessen und Vermögensinteressen, so erscheinen als ihr natürliches Objekt die Vermögensinteressen. Wirtschaftlichen Gütern jeder Art, Sachen, dinglichen Rechten, den Forderungsrechten des Wirtschaftslebens eignet die Möglichkeit der Umsetzung in Geld; die Gewinnsucht, das hauptsächlichste Motiv der Vermögensverletzung, kennt im allgemeinen keine Unterschiede zwischen ihnen. Sehr viel weniger geeignet ist schon die Gruppe der persönlichen Interessen; denkbar wäre, dafs eine Weltanschauung, die den absoluten Unwert alles bewufsten Seins behauptet, in einem auf generelle Zerstörung menschlichen Lebens gerichteten Seeunternehmen sich aktiv betätigte; möglich auch, dafs sich eine Bande zusammenfände, die zur Befriedigung sexueller Gelüste das Mittel der Eroberung von Schiffen und der Terrorisierung von Küstenstrichen wählte; aber historische Wirklichkeit haben diese und andere Möglichkeiten, die die Phantasie konstruieren mag, nicht. Vollends kommt schliefslich die Gruppe der Interessen der Gesamtheit (Staatsverfassung, Verwaltung) für ein gegen alle Nationen gerichtetes die See zur Operationsbasis wählendes Unternehmen nicht in Betracht.

2. Die Stellung der Landesgesetzgebungen und der Literatur in der — hiernach nicht allzu bedeutsamen — Frage ist sehr verschiedenartig.

Das deutsche, österreichische[1], englische und amerikanische[2] Recht und mit ihnen der gröfsere Teil der Lite-

---

[1] Deutsche „Bestimmungen für den Dienst an Bord", § 23, Nr. 21 („in räuberischer Absicht"); österr. Mil. St.G.B., § 490 (Absicht, sich widerrechtlich eines Schiffes oder einer darauf befindlichen Person oder Sache zu bemächtigen).

[2] Piracy ist robbery; Russell I, S. 10, 260; Stephen, Art. 108; Richter Hedges (bei Bishop, § 1058, N. 3); Phillimore I, S. 488; Kent, Int. Law, S. 399; Bishop, § 1058; u. a. m. Das englische Recht ist unzweideutig; es schliefst die gewaltsame Zerstörung von Schiffen und Gütern ausdrücklich aus, indem es sie für stat. piracy erklärt, 8 Geo. 1 c. 24 s. 1 (1721), vgl. auch Extradition Act, 1870,

ratur[1] sehen als piratische Akte nur Gewalttaten räuberischer Natur an. Einige Autoren dehnen den Begriff auf die gewaltsame Zerstörung von Sachen aus, ohne über den Kreis der Vermögensinteressen als Objekt des Angriffs hinauszugehen[2].

Demgegenüber betrachten das französische, italienische, mexikanische, brasilische[3] und auch das niederländische und portugiesische[4] Recht und ein grofser Teil der Literatur[5] auch solche Gewalthandlungen als piratisch, die sich nicht als Vermögensverletzungen darstellen. Häufiger und bestimmter als in der ersten Gruppe finden sich dabei Restriktionen des Tatbestandes durch die in verschiedener Form aufgestellte Forderung einer gewissen Intensität der angewandten Gewalt.

Das gegebene Schema kompliziert sich in mehrfacher

First Schedule (getrennt „Piracy by law of nations" und „Sinking or destroying a vessel at sea, or attempting or conspiring to do so"); abweichend Story, bei Walker Manual, S. 55, in U. S. v. Brig „Malek Adhel" (dem amerikanischen Rechte fehlt eine der zitierten englischen entsprechende zwingende Bestimmung). Amerik. Rev. Stat. s. 5372 ist stat. pir., s. o. S. 68, N. 2.

[1] Perels, S. 109 („in gewinnsüchtiger Absicht"); Heffter, § 104; Gareis bei Holtzendorff II, S. 574 (Absicht, „fremde bewegliche Sachen wegzunehmen"); Ullmann, S. 215; Samios, S. 43; Pradier-Fodéré, § 2491 („le but de commettre des actes de déprédation"); Bonfils, § 594; Piédelièvre I a. a. O.; Fiore, Droit international, § 494 f.; Bynkershoek, Baud, Casaregis, de Broglie, Wheaton, Ortolan s. o. S. 54, N. 1—3; Klüber, Völkerrecht, 2. Aufl. 1851, § 260. Der älteren Literatur ist die räuberische Natur des Unternehmens selbstverständlich, s. auch G. F. v. Martens, Kaper, § 1.

[2] Despagnet, S. 523; Geffcken bei Heffter, § 104, N. 2; Bluntschli, § 343.

[3] Französ. Gesetz von 1825, Art. 2, Nr. 1 (déprédation ou violence à main armée); ital. Cod. p. l. mar. merc., Art. 320 (atti di depredazione o di grave violenza); mexikan. St.G.B., Art. 1127, Abs. 1; brasil. St.G.B., Art. 104, § 1.

[4] In ihren dem völkerrechtlichen angenäherten Tatbeständen, niederl. St.G.B., Art. 381 (daden van geweld), portug. St.G.B., Art. 162 (roubos ou quaesquer violencias).

[5] v. Liszt, S. 212; Hartmann, S. 203; Calvo, § 485. In neuerer Zeit auch einige Engländer: Hall, S. 258; Lawrence, Principles, S. 209; Kenny, S. 316; Walker, Manual, S. 55. Nach Rivier I, S. 249, sind Gewalttätigkeiten ohne räuberische Absicht nicht Piraterie, aber un crime analogue.

Hinsicht; man beschränkt die räuberischen Akte auf Sachraub oder schliefst auch Menschenraub ein; man bestimmt den Begriff des Raubes entweder nach Mittel und Objekt oder nach Mittel und Motiv (gewinnsüchtige Absicht, animus furandi); man hat über die erforderliche Art und Intensität der Gewaltanwendung die mannigfaltigsten Ansichten. Eine Quelle ganz besonderer Schwierigkeiten ist die Verschiedenheit des Tatbestandes des Raubes in den Strafgesetzen der einzelnen Staaten[1]. Häufig genug auch lassen die gewählten Ausdrücke jede Bestimmtheit vermissen.

3. Die Erwägung, dafs gegen alle Nationen sich wendende Seeunternehmungen anderer als räuberischer Art der Geschichte wie dem modernen Leben unbekannt sind, läfst eine Ausdehnung des Begriffes der piratischen Akte über Räubereien hinaus als nicht notwendig erscheinen. Die Beschränkung auf räuberische Akte entspricht der gemeinen Vorstellung. Die Rechtsanschauung der germanischen Seemächte billigt sie (s. o. S. 74 Anm. 1, 2). Sollte in der Tat prinzipielle Menschenfeindschaft ein auf Mord und Zerstörung gerichtetes Unternehmen ins Leben rufen, so erfolgt seine Bekämpfung im Rahmen der gewöhnlichen Rechtsgrundsätze (Pflicht des Flaggenstaates, die Ordnung auf dem Schiffe aufrecht zu erhalten, Haftbarmachung bei verschuldeter Versäumnis ihrer Erfüllung, Interventionsrecht dritter bedrohter Staaten bei Unmöglichkeit derselben). Verfolgung und Bestrafung einzelner durch Piraten begangener Verbrechen gegen die Person sind natürlich durch Beschränkung des Pirateriebegriffes auf Unternehmungen gegen Vermögensinteressen nicht ausgeschlossen[2].

---

[1] Nach deutschem Rechte Wegnahme beweglicher Sachen (Diebstahl) unter Beseitigung eines Widerstandes durch physische oder intensive psychische (Drohung mit gegenwärtiger Gefahr für Leib oder Leben) Gewalt, § 249 St.G.B. Der Unterschied der Landesstrafgesetze besteht vornehmlich in der Verschiedenheit der geforderten Intensität der psychischen Gewalt und in der Erstreckung oder Nichterstreckung des Begriffs auf Fälle, in denen der Besitzübergang durch eigene Handlung des Beraubten erfolgt (weiter als das deutsche Recht z. B. österr. St.G.B. § 190 f. und das englische Recht, Larceny Act, 1861 s. 40 f.).

[2] Selbst nicht nach englischer Auffassung, s. o. S. 20, N. 2 über 7 Will. 4 und 1 Vict. c. 88 s. 2. — Mehrere Landesstrafgesetzgebungen

III. Objekt der piratischen Akte sind nur Vermögensinteressen; das Ziel des Angriffs kann sein Aneignung beweglicher Sachen, Herstellung physischer Herrschaft über Menschen, sofern der Mensch nur als Ware in Betracht kommt, Begründung von Forderungs- und dinglichen Rechten oder Scheinrechten [1].

Das Mittel des piratischen Aktes ist physische oder psychische Gewalt. Aber man wird Drohungen (psychische Gewalt) nur genügen lassen können, wenn sie die Anwendung physischer Gewalt in Aussicht stellen [2]. Diese Beschränkung zeigt das tatsächliche Auftreten des Unwesens stets. Fälle anderer Art sind kaum denkbar. Die psychische Gewalt kann auf die Beseitigung eines eigenen Handlungen entgegenstehenden Widerstandes wie auf die Herbeiführung von Handlungen des Bedrohten gerichtet sein [3].

IV. Der Zusammenhang der bisherigen Darstellung ergibt, dafs die Piraterie ein gewerbsmäfsiges Unternehmen ist. Eine auf gewaltsame Vermögensverschiebungen gerichtete Aktion, die ihre Spitze gegen alle Nationen kehrt, ist als einzelne Handlung nicht denkbar. Die psychische Seite der Piraterie ist nicht eine momentane Anspannung der Lebenskraft zur Verwirklichung einer in der Vorstellung bereits gegebenen Handlung oder Kette von Hand-

---

enthalten Bestimmungen, die für bei Ausübung piratischer Akte begangene Verbrechen gegen die Person alle Teilnehmer an dem piratischen Akte ohne Rücksicht auf ihre Beteiligung an dem Verbrechen gegen die Person haften lassen, so französ. Gesetz von 1825, Art. 6; ital. Cod. p. l. mar. merc., Art. 320; span. St.G.B., Art. 156, Nr. 2—4; niederl. St.G.B., Art. 382; portug. St.G.B., Art. 162, § 1; vgl. auch deutsches St.G.B., § 251.

[1] Der letztere Fall, der in der Literatur übersehen zu werden pflegt, ist nicht ohne Bedeutung (Freigabe gegen Lösegeld).

[2] Piraterie und die äufserste Form der Überwindung physischen Widerstandes, Mord und Körperverletzungen, sind untrennbar. Wenn einzelne englische Autoren und Richter die piracy als „robbery and murder upon the sea“ bestimmen (Travers Twiss, Int. Law I, S. 291; Dr. Lushington bei Phillimore I, S. 501), so ist wohl murder nicht als ein selbständiger piratischer Akt, sondern als das der piratischen robbery gewöhnliche Mittel gedacht.

[3] Nach deutschem Strafrecht liegt letzterenfalls Erpressung vor, wie auch dann, wenn die Drohung nicht eine solche mit gegenwärtiger Gefahr für Leib oder Leben ist.

lungen, sondern eine Disposition zur Erreichung eines vorgestellten Erfolges durch Begehung noch unbestimmter gleichartiger Handlungen. Der vorgestellte Erfolg ist die Erlangung wirtschaftlicher Vorteile [1]. Die Piraterie ist eine Art der Lebensführung, wenn sie auch nicht den einzigen oder auch nur wesentlichen Inhalt des Lebens zu bilden braucht [2].

Die gewerbsmäfsige Natur der Piraterie findet sich nur selten ausdrücklich anerkannt [3]; eine stillschweigende Anerkennung enthalten alle die überaus zahlreichen Definitionen, die als ein wesentliches Merkmal des Tatbestandes die Absicht universeller Feindseligkeit hinstellen (s. o. § 10 II).

Die Lücke, die dadurch entsteht, dafs ein auf einen einzelnen Gewaltakt auf See ausgehendes Schiff dem Piraterierecht nicht unterliegt, ist unbedeutend. Ist die Absicht bekannt, so ergreift der Flaggenstaat die zur Verhinderung der Tat notwendigen Mafsnahmen; ist sie unbekannt, so ist eine internationale Befugnis zum Einschreiten gegenstandslos. Bei handhafter Tat genügen die gewöhnlichen Notwehr-, Nothilfe- und Festnahmebefugnisse (deutsche St. P. O. § 127). Ist Name und Heimat des Schiffes unbekannt und begegnen ihm nach begangener Tat Kriegsschiffe, zu deren Kenntnis der räuberische Akt gelangt ist, so besteht Piraterieverdacht; hat alsdann die Durchsuchung des

---

[1] Das Motiv des Unternehmens, wie es in diesem unmittelbar zum Ausdruck kommt. Die mittelbaren Motive können anderer Art sein.

[2] Eine in dieser Beziehung sehr ähnliche Erscheinung ist das gewerbsmäfsige Schmugglertum.

[3] Ortolan I, S. 232, sie sind auf dem Meere, was auf dem Lande „ces bandes organisées volant et assassinant sur les grandes routes“; de Broglie s. o. S. 54, N. 2; Pradier-Fodéré, § 2491, „leur criminel métier (en prenant ce mot pour exprimer ce qu'on a coutume de faire)“. Sehr bemerkenswert Stephen, Crim. Law, S. 78, N. 1: „The language of several of the statutes given in Articles 112, 113, and 114 [8 Geo. 1 c. 24 s. 1; 11 u. 12 Will. 3 c. 7 s. 9] seems to imply that a pirate is the name of a known class of persons, like a soldier or sailor, and that a man may be a pirate though he has never actually robbed, as he may be a soldier though he has not actually fought“ (Text der zit. stat. s. o. S. 35, N. 2 und S. 69, N. 2).

Schiffes sein Nationale ergeben, so übernimmt der Flaggenstaat die Ahndung.

Die Gewerbsmäfsigkeit des Unternehmens rechtfertigt es, wenn man den Tatbestand nach seiner psychischen Seite durch den kurzen Ausdruck „faktische Denationalisation“ wiedergibt (s. o. § 5 I). Der Pirat ist ein von der Friedensgemeinschaft der Kulturnationen gelöstes Glied in demselben Sinne wie jeder gewerbsmäfsige Verbrecher. Mehr darf aber in den Ausdruck nicht hineingelegt werden. Der Gedanke der Notwendigkeit mangelnden Zusammenhanges mit einem anerkannten Staate hat eine allzu starke Betonung in Theorieen erfahren, die als Piratenschiffe nur rechtlich anationale (s. o. § 1) oder doch solche Schiffe ansehen, die sich tatsächlich „dem Verbande mit einem geordneten Staate entzogen haben“ (Bluntschli § 350). Diese letztere Ansicht übersieht, dafs zu allen Zeiten Piraterie auch von Bürgern geordneter Staaten von diesen Staaten aus betrieben worden ist, mit Schiffen, die ebenso dem Handels- wie dem piratischen Gewerbe dienten, und dafs heute diese Form allein noch von praktischer Bedeutung ist. Es ist nicht eine vollständige oder prinzipielle Lösung von der Gesellschaftsordnung notwendig; es genügt eine Gesinnung, die zum Zwecke, die Stellung in ihr zu behaupten, Mittel verwendet, die ihren Grundlagen zuwider sind[1].

---

[1] Es könnte nach mehreren Stellen scheinen, als teile Hall Bluntschlis Standpunkt, etwa S. 258: „When the distinctive mark of piracy is seen to be independence or rejection of state or other equivalent authority . . .“ Aber der wahre Sinn dieser und ähnlicher Stellen wird klar, wenn er (S. 257) erklärt: „A pirate either belongs to no state or organised political society, or by the nature of his act he has shown his intention and his power to reject the authority of that to which he is properly subject.“ Im Sinne englischer Denkweise ist ihm die Piraterie ein einzelner Gewaltakt; die angebliche „distinctive mark“ des Tatbestandes betrachtet er nicht als konstitutives Merkmal desselben, sondern als mit ihm gegeben, nicht als Voraussetzung, sondern als Folge des Tatbestandes. Vgl. aber S. 85, N. 3. — Die Unrichtigkeit seiner Auffassung liegt auf der Hand. Man kann nicht behaupten, dafs ein Nationalschiff, das etwa einen Akt unerlaubter Selbsthilfe begeht, um dann friedlich seinen Weg fortzusetzen, sich willens und imstande gezeigt

§ 12. c) Mangel eines politischen Zweckes. Piraterie unter staatlicher Autorität. Heimatstaat und Piratenschiff.

I. Begriff des politischen Zweckes. Ein Unternehmen, das politische Zwecke verfolgt (politisches Unternehmen), ist nicht Piraterie[1].

Hierbei ist nach allgemeinen Grundsätzen nicht das wahre innerste Motiv der Beteiligten entscheidend. Grofse und kleine politische Aktionen können auf Motive recht privater Natur zurückgehen. Sondern es kommt der Zweck in Frage, wie er in dem Unternehmen selbst und dem Zusammenhange der Ereignisse, in dem es steht, zu erkennbarem Ausdruck gelangt ist, der in dem Unternehmen objektivierte Zweck desselben.

Der Zweck eines Unternehmens ist ein politischer, wenn es entweder sich als eine staatliche Aktion darstellt oder unmittelbar und erkennbar gegen die äufsere Machtstellung oder die Verfassung oder Verwaltung eines bestimmten Staates gerichtet ist[2].

Daher ist ein von einem anerkannten Staate autorisiertes Unternehmen nicht Piraterie (über Raubstaaten s. u. II, 4). Ebensowenig aber ein politisches Unternehmen Privater, auch wenn sie etwa die (gegen alle Nationen gerichteten) Rechte der Kriegführenden in Anspruch nehmen, ohne als kriegführende Partei anerkannt zu sein.

Die Besprechung der Fälle, in denen das hier in Frage stehende Tatbestandsmerkmal von besonderer Bedeutung ist, der illegalen Kaperei und der räuberischen Aktion von Kriegsschiffen im Bürgerkriege, ist dem dritten Abschnitte vorbehalten. Hier folgt eine kurze Behandlung des Raubstaatentums nach heutigem Rechte und der Beziehungen

---

hätte, die Autorität der heimischen Staatsgewalt abzuschütteln; man müfste anderenfalls durch überhaupt jedes Verbrechen eine solche Absicht und Fähigkeit erwiesen sehen.

[1] Hall, S. 259; Rougier, S. 285; Bishop, § 1058.

[2] Die Definition läfst eine Vergleichung zu mit derjenigen des „politischen Verbrechens", die in diesem einen fest umgrenzten Komplex strafrechtlicher Tatbestände sieht (objektive Theorie).

zwischen dem Heimatstaate und nicht autorisierten Piratenschiffen, die zugleich einige Grundlagen für die folgende Darstellung gibt.

II. Piraterie unter staatlicher Autorität (Raubstaaten). 1. Völkerrechtsgemäfse Handlungen. Völkerrechtsgemäfse staatliche oder von den völkerrechtlichen Organen des Staates als staatliche anerkannte Handlungen und auf völkerrechtsgemäfser Autorisierung beruhende Handlungen Privater begründen niemals eine Verantwortlichkeit gegenüber dritten Staaten. Hat das handelnde oder autorisierende Organ innerstaatliche Rechtssätze oder Dienstvorschriften verletzt, so kann es wie auch der rechtswidrig Autorisierte nach den gewöhnlichen Regeln des Disziplinar- und Strafrechts (Ausschlufs der Rechtswidrigkeit durch bindenden Befehl; Rechtswidrigkeit trotz illegaler Erlaubnis; dolus und culpa) von seinem Staate zur Verantwortung gezogen werden.

2. Handlungen und Autorisierungen nicht anerkannter politischer Verbände. Nur anerkannte Staaten, und im engeren Kreise des Kriegsrechtes, anerkannte kriegführende Parteien geniefsen den Schutz des Völkerrechtes.

Die Beziehungen anerkannter Staaten zu den Bewohnern staatloser Gebiete, zu der Völkerrechtsgemeinschaft nicht angehörenden Staaten [1], zu organisierten Verbänden innerhalb anderer Staaten (vornehmlich aufständischen Parteien) [2], endlich zu anerkannten Staaten, insoweit ihnen die völkerrechtliche Rechts- und Handlungsfähigkeit mangelt [3], können in völkerrechtlicher Freiheit landesrechtlich geregelt werden.

---

[1] Mit solchen Staaten können Vertragsbeziehungen bestehen, gröfstes historisches Beispiel die vormaligen Beziehungen der christlichen und der mohammedanischen Welt. Partielle Geltung einer Rechtsordnung für insoweit mit Rechtspersönlichkeit ausgestattete, der Rechtsgenossenschaft nicht angehörende Personen ist eine ganz gewöhnliche Erscheinung.

[2] Über die Beziehungen zu dem im Bürgerkriege befindlichen Staate selbst siehe unten III, 1 a. A.

[3] Gegensatz: Völkerrechtliche Verpflichtung zur Nichtausübung der vorhandenen Fähigkeit.

Befehl oder Autorisierung seitens derartiger Verbände sind nicht fähig, eine Handlung unmittelbar zu legalisieren[1]; doch können sie mittelbar von Bedeutung sein, insoweit das zur Anwendung gelangende Landesrecht die durch sie geschaffene Situation als Notstand oder einen etwa gegebenen Mangel des Bewufstseins der Rechtswidrigkeit als Schuldausschliefsungsgrund anerkennt.

3. Einzelne völkerrechtswidrige Handlungen und Autorisierungen. Die völkerrechtliche Verantwortlichkeit des Staates gegenüber dem verletzten Staate bestimmt sich nach den Regeln über das völkerrechtliche Delikt; sie kann begründet sein, obwohl das handelnde Organ durch Verletzung einer landesrechtlichen Vorschrift oder einer Verwaltungsanordnung seine Kompetenz überschritten hat[2].

Das handelnde oder autorisierende Organ und der Autorisierte haften, falls ihre Handlung sich als Landesrechtsverletzung oder Disziplinarvergehen darstellt, dem eigenen Staate nach den gewöhnlichen Grundsätzen (s. o. 1.). Dritten Staaten sind sie nach deren Landesrecht verantwortlich. Ist ihr Handeln nach dem eigenen Landesrecht rechtmäfsig, so erhebt sich die schwierige Frage[3], ob und inwieweit völkerrechtswidrige landesrechtlich bindende Befehle oder landesrechtlich rechtmäfsige Autorisierungen seitens anerkannter Staaten auch im Bereiche des Landesrechts dritter Staaten die Kraft haben, die Rechtswidrigkeit auszuschliefsen. Es ist eine Frage des Landesrechts. Eine völkerrechtliche Verpflichtung, in dieser Beziehung das eigene Landesrecht in der einen oder anderen Weise auszugestalten, besteht im allgemeinen nicht[4]. In der Befugnis

[1] S. o. S. 30, N. 1, Verurteilung autorisierter malayischer Piraten.

[2] Vgl. Triepel, S. 349; über das völkerrechtliche Delikt im allgemeinen v. Liszt, S. 185 f.

[3] Sie ist, soviel wir sehen, nirgends behandelt.

[4] Wie das Kriegsrecht zeigt. So ist z. B. aus Art. 1 der Haager Konvention über die Gesetze und Gebräuche des Landkrieges zu entnehmen, dafs Beteiligung am Kampfe ohne Vorliegen der in diesem

des verletzten Staates zur Bestrafung ist die eines tatsächlichen Eingriffs in fremdes Staatsgewaltgebiet (Staatsgebiet und Nationalschiffe) nicht eingeschlossen [1].

Pirat ist das handelnde Organ oder der autorisierte Private nicht, da die Handlung, jedenfalls nach aufsen, eine staatliche Funktion darstellt.

4. Raubstaaten (vgl. § 6 II). Durch den gewerbsmäfsigen eigenen Betrieb der Piraterie oder durch eine generelle Ermächtigung der Untertanen schliefst ein Staat sich aus der Völkerrechtsgemeinschaft aus. Die Wirkung ist nicht, dafs er seinen staatlichen Charakter verliert, „corpus morbidum, corpus tamen est“ (Grotius III, III, 2): aber es entsteht auch nicht ein Zustand rechtmäfsigen Krieges zwischen ihm und allen anderen Nationen [2]. Vielmehr ist das Verhältnis das, dafs in den gegenseitigen Beziehungen nur das beiderseitige Landesrecht Anwendung findet (s. vor, 2; und oben S. 81, Anm. 1 und S. 82, Anm. 1).

Auf die eigenen Unternehmungen des Raubstaates wie auf die autorisierten seiner Bürger treffen alle Kriterien des Pirateriebegriffs zu [3]. Auch der politische Zweck fehlt ihnen. Sie sind, nachdem der Staat sich selbst aus der Völkerrechtsgemeinschaft ausgeschlossen hat, nicht mehr Funktion eines anerkannten Staates, und ebensowenig sind sie auf Veränderungen in der Machtstellung der Staaten gerichtet.

Staatliche und private Piraterie, in den Anfängen der Geschichte ungeschieden (s. o. S. 42, N. 1), haben sich nach einer Entwickelung von Jahrtausenden wieder zusammen gefunden. Dereinst eine einheitliche kriegsrechtliche Erscheinung, ist die Piraterie in jeder Form heute ein Tat-

---

Artikel bestimmten Voraussetzungen trotz landesrechtlicher Autorisierung oder staatlichen Befehls strafrechtliche Verantwortung gegenüber dem bekämpften Staate begründet.

[1] Darüber, wann sie eintritt, s. u. III. Im Kriege ist sie ohnehin gegeben.

[2] Dies scheint Bluntschli, § 349, anzunehmen.

[3] Vgl. auch Lawrence-Wheaton, Commentaire, Leipzig 1868 I, S. 162; Dr. Lushington bei Phillimore I, S. 501: „Even an independent State may . . . be guilty of piratical acts.“

bestand der internationalen Sicherheitspolizei und der Strafrechtspflege. Die historische Trennung beider Formen ist eine Übergangsstufe in der Entwickelung des allgemeinen Kriegszustandes der politischen Verbände zu einem prinzipiellen Friedenszustande. Ein Rechtsverhältnis, wie es zwischen den Barbareskenstaaten und den Mitgliedern der Völkerrechtsgemeinschaft theoretisch bis ins 19. Jahrhundert bestand, ununterbrochener Krieg unter den Regeln des Postliminialrechtes, ist dem modernen Völkerrechte unbekannt.

III. Heimatstaat und Piratenschiff. 1. Die Staaten sind völkerrechtlich verpflichtet, für ihr Gewaltgebiet, Staatsgebiet und staatsangehörige Schiffe, eine Rechtsordnung aufzurichten und zu tatsächlicher Durchführung zu bringen, die verhindert, daſs aus ihm Angriffe auf die ausländische Rechtsgüterwelt hervorgehen [1]. Sie haben zukünftigen Verletzungen durch Strafdrohungen und polizeiliche Maſsregeln entgegenzuwirken, geschehene zu ahnden. Die schuldhafte Verletzung der Pflicht ist völkerrechtliches Delikt [2]. Die Unmöglichkeit ihrer Erfüllung begründet das Interventionsrecht; Interventionsrecht ist das Recht eines Staates, seine oder seiner Untertanen Interessen auſserhalb seiner regelmäſsigen Hoheitsgrenzen durch tatsächliche Machtentfaltung zu schützen, im Falle die im all-

---

[1] Vgl. v. Martitz, Rechtshilfe I, S. 50.

[2] Der Staat haftet für die eigene Unterlassung; so die durchaus herrschende Meinung seit Grotius und Pufendorf. Die gegen sie gerichteten Ausführungen Triepels (S. 324 f.), wonach der Staat für die Tat des einzelnen hafte (S. 334: „nicht wird der Staat erst, wie es immer heiſst, durch seine Indolenz verantwortlich für die Tat, sondern er war verantwortlich und bleibt es, wenn er verabsäumt, wozu er wegen der Tat verpflichtet ist"), verwandeln die mit der Anerkennung des Staates gegebene selbständige Pflicht der Bestrafung und die Haftung für verschuldete Versäumnis dieser Pflicht in eine einheitliche Haftung für fremdes Verschulden. Diese künstliche Konstruktion ist nicht notwendig. Es ist eine bloſse Konstruktion, denn daſs der Inhalt der Haftung bei hinzutretendem Verschulden des Staates ein anderer wird, erkennt auch Triepel an (die ursprüngliche Pflicht ist die Pflicht der Bestrafung, „zur Entstehung der Reparationsverbindlichkeit bedarf es nun allerdings nach der gegenwärtig herrschenden Staatenpraxis einer zur Verletzung durch den einzelnen hinzutretenden Verschuldung seines Staates").

gemeinen in den völkerrechtlichen Pflichten der territorial zuständigen Staatsgewalt gegebene Gewähr ihres Schutzes sich unwirksam erweist.

Diese auch in einigen Fällen zur Anwendung gelangenden Regeln, in denen von mancher Seite Piraterie angenommen wird (s. u. § 14), gelten für das Verhältnis zwischen dem Heimatstaate und wahren Piratenschiffen nicht. Eine „Intervention“ gegenüber einem Piratenschiffe gibt es nicht. Die eigenartige Rechtsfolge der Piraterie ist die rechtliche Denationalisation des Schiffes; diese setzt es dem Zugriff aller Staaten und auch solcher, deren Interessen nicht unmittelbar bedroht sind, aus, entsprechend den tatsächlichen Verhältnissen, die eine Repression der Gefahr durch den Flaggenstaat und interventionsberechtigte dritte Staaten allein nicht genügend erscheinen lassen; andererseits bedeutet sie das Aufgehen der speziellen Pflicht des Heimatstaates zur Aufrechterhaltung einer Rechtsordnung an Bord in der allgemeinen Pflicht der Repression der Piraterie [1].

2. Die Pflicht des Heimatstaates zur Verhinderung und Unterdrückung der Piraterie und seine völkerrechtliche Verantwortlichkeit, wie auch die Befugnis fremder Staaten zu eigenem Einschreiten bestehen gegenüber Kriegsschiffen in keinem weiteren oder engeren Umfange als gegenüber Handelsschiffen [2]. Einer solchen Gleichstellung stehen politische Bedenken nicht entgegen. Sieht man freilich in der Piraterie nicht ein gewerbsmäfsiges räuberisches Unternehmen, sondern eine einzelne strafbare Handlung, so ist es unumgänglich, für Kriegsschiffe Sonderregeln aufzustellen [3 und 4].

---

[1] Es entscheidet der Zeitpunkt, in dem das Piratenschiff das Jurisdiktionsgebiet des Staates verläfst.

[2] Woolsey, Introduction, § 213, bemerkt richtig, dafs auch gegenüber Kriegsschiffen ein Durchsuchungsrecht bei Piraterieverdacht besteht.

[3] Dies tut u. a. Oppenheim, § 273. Meist übergeht die in Frage kommende Literatur den Punkt mit Stillschweigen. Hall, S. 264, hilft sich über die Schwierigkeit, indem er hier plötzlich die Lösung des

Schiffes vom Heimatstaate, die doch sonst mit dem piratischen Gewaltakte gegeben sein soll (s. o. S. 79, N. 1), als ein konstitutives Merkmal des Begriffes einführt („it cannot be treated as a pirate unless it has evidently thrown off its allegiance to the state").

[4] In dem Vertrage über den Schutz der unterseeischen Telegraphenkabel, Art. 10, ebenso im Quintuplevertrag, Art. 4, ist die Ausübung der in ihnen geregelten internationalen, seepolizeilichen Hoheitsrechte gegen Kriegsschiffe untersagt. In beiden Verträgen stehen nur einzelne Handlungen (im Gegensatz zu gewerbsmäfsiger Verübung von Gewaltakten) in Frage.

Dritter Abschnitt.

Folgerungen.

§ 13. Ausdehnungen des Piraterietatbestandes in Landesrecht und Literatur.

1. Landesstrafrechtliche Ausdehnungen. Die Belegung rein landesstrafrechtlicher Tatbestände mit dem Namen Piraterie erscheint nicht selten ganz willkürlich; im übrigen bezieht sie sich entweder auf die Gleichheit der Strafe[1]; oder sie bezweckt die Strafwürdigkeit bisher strafloser Handlungen durch Anlehnung an das älteste Seedelikt hervorzuheben[2]; oder endlich sie knüpft die Ausdehnung der Strafgerichtsbarkeit auf extraterritoriale Delikte an einen schon vorhandenen Grund universeller Zuständigkeit an[3].

2. Die Quasipiraterie der völkerrechtlichen Literatur. Der Begriff der Quasipiraterie ist ein unsystematischer. Er umschliefst nicht einen auf Grund einer Zusammenstellung und Untersuchung aller illegalen Gewalthandlungen zur See aus diesen gebildeten durch das Merkmal der Verwandschaft mit der Piraterie charakterisierten Komplex von Tatbeständen, sondern ist ganz ein Produkt historischer Zufälligkeit[4].

---

[1] Z. B. stand im amerikanischen Rechte bis zu der Akte vom 15. Januar 1897 auf alle Fälle der piracy Todesstrafe.

[2] So ist die Charakterisierung illegaler Kaperei als Piraterie zu verstehen.

[3] Im älteren englischen Rechte, s. o. § 2, III, 1.

[4] Perels, S. 104, zählt hierhin:

„1. nach partikulärem Recht Schiffe, die den Negersklavenhandel betreiben;

Der Grund, aus dem man einen Tatbestand zur Quasipiraterie zählt, ist entweder eine wirklich bestehende Ähnlichkeit der Repression (Negersklavenhandel, s. § 16; Beschädigung unterseeischer Telegraphenkabel, s. § 17; flaggenlose Schiffe, s. o. § 1) oder eine angebliche Gleichheit derselben, die angebliche Anwendbarkeit des Piraterierechtes auf Tatbestände, die selbst nicht Piraterie sind (gewisse Fälle illegaler Kaperei, s. § 15; Gewaltakte revolutionärer Kriegsschiffe, s. § 14).

Unter den Tatbeständen, die man als Quasipiraterie charakterisiert hat, ist nicht ein einziger, der nicht von anderen als wahre Piraterie bezeichnet worden wäre.

Dafs der ganze Begriff der Quasipiraterie ein verfehlter ist, bedarf hiernach kaum noch der Erwähnung. Das Ziel dieser Arbeit ist die Gewinnung eines einheitlichen und klar umschriebenen Tatbestandes, die Wiederherstellung des reinen Pirateriebegriffes aus Geschichte und geltendem Rechte gegenüber mancherlei Verdunkelungen und Verflachungen, deren wahren Grund man zu einem grofsen Teile in einer gewissen Oberflächlichkeit und Bequemlichkeit sehen darf, die landesrechtliche und völkerrechtliche Rechtssätze (so bei der illegalen Kaperei) und völkerrechtliche Rechtsinstitute verschiedener Art (so bei dem Einschreiten gegen Kriegsschiffe Aufständischer) nicht genügend auseinanderhält.

§ 14. Kriegsschiffe und Kaper aufständischer Parteien.

I. Skizzierung des Rechtszustandes. Einer nicht als kriegführende Macht anerkannten aufständischen Partei stehen die Rechte der Kriegführenden nicht zu. Ihre Beziehungen zur heimischen Regierung wie zu fremden

---

2. Kaper unter gewissen Umständen;

3. Schiffe, welche ohne Flagge oder unter einer von keiner Staatsgewalt sanktionierten Flagge fahren, oder solche, die eine Nationalflagge usurpieren und unter derselben Gewaltakte ausüben."

Im Zusammenhang mit der letzten Gruppe behandelt er namentlich auch die Kriegsschiffe Aufständischer.

Mächten unterstehen ausschliefslich dem heimischen oder fremden Landesrechte[1]. Diesem steht nach allgemeinen Grundsätzen frei, beliebige strafrechtliche Tatbestände als Piraterie zu qualifizieren.

Die völkerrechtliche Kontroverse liegt auf einem anderen Gebiete. Es ist die Frage, unter welchen Voraussetzungen und auf Grund welches Titels fremde Mächte dem von einem Bürgerkriege heimgesuchten Staate gegenüber zu einem gewaltsamen Einschreiten gegen ihm angehörige Schiffe befugt sind.

Der Rechtsgrund des Einschreitens kann ein zweifacher sein.

a) Nicht selten fehlt dem revolutionären Schiffe der Schutz einer Flagge; so wenn die Empörer Schiffe fremder Nationen erwerben oder ohne Zustimmung des Heimatstaates zur Kaperei autorisieren (siehe auch unten § 15 III); vornehmlich aber, wenn die bekämpfte rechtmäfsige Gewalt durch das berufene Organ des völkerrechtlichen Verkehrs ihren Nationalschiffen den völkerrechtlichen Schutz entzieht[2]. Diese Entziehung kann auch in der Form geschehen, dafs die Regierung die Revolutionäre mit der Absicht, sie allgemeiner Verfolgung auszusetzen, für Piraten erklärt; dagegen ist sie in der Ablehnung der völkerrechtlichen Verantwortlichkeit für ihre Handlungen nicht enthalten[3].

b) Die drohende Verletzung fremder nationaler oder privater Interessen rechtfertigt die Intervention des bedrohten oder seitens des bedrohten mit der Wahrnehmung seiner Interessen betrauten dritten Staates.

---

[1] S. o. § 12, II, 2. Es kommen nicht nur piratische Akte in Frage.

[2] Eine solche Mafsnahme ist rechtlich möglich, vgl. auch die deutsche Allgemeine Dienstinstruktion für die Konsulate vom 6. Juni 1871, zu § 30 des Konsulargesetzes, wonach der Konsul einem deutschen Schiffe eröffnen kann, dafs es, „solange es die Nationalflagge nicht führt, als ein deutsches nicht angesehen werden könne, also weder des Schutzes seitens des Konsulats, noch der Rechte werde teilhaftig werden, welche die Verträge mit dem Auslande den deutschen Schiffern einräumen."

[3] Eine derartige einseitige Ablehnung hebt die Verantwortlichkeit nicht auf; für sie gelten nach wie vor die allgemeinen Grundsätze (s. o. § 12 III).

Dagegen ist eine revolutionäre politische Aktion niemals Piraterie, auch wenn sie gegenüber dritten Mächten die Rechte Kriegführender beansprucht; sie wird es selbst dadurch nicht, dafs sie die Kriegführenden zustehenden Befugnisse der heimatlichen Regierung und fremden Mächten gegenüber überschreitet, solange nur der politische Zweck der Mafsnahmen in ihnen erkennbar ist.

Dafs das Einschreiten der Mächte zum Schutze ihrer Interessen als Intervention, nicht als Repression der Piraterie gedeutet werden mufs, ergibt sich mit aller Sicherheit daraus, dafs an eine Bestrafung der Empörer nicht zu denken ist und nicht gedacht wird, auch wenn deliktische Tatbestände gegeben sind, die sich als piratische Akte darstellen würden; und aus dem wenig beachteten vielleicht noch wesentlicheren Umstande, dafs der Schauplatz des Eingriffs regelmäfsig fremdes Staatsgebiet ist[1], die Beschränkung der internationalen seepolizeilichen Befugnisse zur Unterdrückung der Piraterie auf die hohe See (oder höchstens in gewissen Fällen das Küstenmeer)[2] aber aufser Zweifel steht.

II. Die Stellung der Literatur. Die Literatur unterscheidet durchweg nicht genügend, ob ein Einschreiten fremder Mächte überhaupt gerechtfertigt oder speziell aus dem Rechtsgrunde der Piraterie zulässig ist. Oft ist nicht erkennbar, ob sich die Ausführungen auch auf solche Fälle beziehen, in denen ein revolutionäres Schiff Interessen fremder Mächte verletzt oder bedroht, oder ob sie nur in strengem Sinne innere Unruhen im Auge haben.

Dafs die politische Aktion der Kriegsschiffe Aufständischer nicht Piraterie ist, wird fast allgemein aner-

---

[1] Der Huascar, 1877, wurde in den peruanischen Hoheitsgewässern angegriffen, die Crête à Pierrot lag im innersten Hafen von Gonaives vor Anker; s. näher S. 94, N. 4.

[2] Nur auf das Küstenmeer bezieht sich die Streitfrage über die Zulässigkeit der Verfolgung eines Piratenfahrzeuges in fremde Hoheitsgewässer; s. Perels, S. 115.

kannt[1]. Die Anerkennung wird von einigen englischen Autoren in die Form gekleidet, dafs sie dem Fahrzeuge den Namen eines Piraten geben, aber die Anwendung des Piraterierechtes ausschliefsen; hierhin gehört vornehmlich Hall (S. 258 f.)[2], dessen Ausführungen aber einer näheren Behandlung bedürfen.

Der Grundgedanke der Ausführungen Halls ist die Unterscheidung revolutionärer Bewegungen in solche, die zur Grundlage „politically organised societies which are not yet recognised as belligerent“ (S. 259) haben, und andere, deren Träger lediglich „persons not acting under the authority of any politically organised community, notwithstanding that the objects of the persons so acting may be professedly political“ (S. 262) sind. Gewaltakte der Kriegsfahrzeuge sollen in dem zweiten Falle Piraterie sein, in dem ersten ein Einschreiten fremder Mächte nicht rechtfertigen.

Die Bezeichnung der Gewaltakte Aufständischer, die keine politisch organisierte Gemeinschaft bilden, als piratischer, ist aber nicht mehr als eine Benennung. Denn beschränken sich die Revolutionäre streng auf die Aktion gegen den eigenen Staat „with careful avoidance of depredation or attack upon the persons or property of the subjects of other states“, so sind ihre Handlungen „for practical purposes not piratical with reference to other states“, obwohl sie „are piratical with reference to the state attacked“ (S. 262); daher ist es in solchen Fällen „not the practice for states other than that attacked to seize, and still less to punish, the persons committing them“. Begehen die Aufständischen Gewaltakte auch gegen Schiffe fremder Mächte, so sind sie zwar der Ergreifung durch den verletzten Staat ausgesetzt;

---

[1] Vgl. Perels, S. 111; Pradier-Fodéré, § 2510, 2511; Piédelièvre I, S. 587; Rougier, § 64—66; Journal de droit int. privé 12 (1885), S. 661 f. Abweichend Geffcken bei Holtzendorff IV, S. 576 f. (seine Ausführungen sind sehr flüchtig).

[2] Wie Hall auch Lawrence, Principles, S. 211.

aber eine Strafverfolgung unterbleibt (S. 266) und „the mode in which the crew were dealt with would probably depend upon the circumstances of the case“ (S. 265).

Die Auffassung Halls unterscheidet sich von der oben unter I entwickelten demnach formell darin, dafs sie unter Ausscheidung des Namens der Intervention ein Verhalten, das eine Intervention gegen ein revolutionäres Fahrzeug rechtfertigt, als piratisch bezeichnet; materiell darin, dafs sie, im Falle die Aufständischen eine wenn auch nicht als kriegführende Macht anerkannte politisch organisierte Gemeinschaft bilden, eine Intervention für unzulässig hält.

Die formelle Abweichung ist unglücklich, denn sie verwendet einen Namen für einen Tatbestand, der durchaus andere Rechtsfolgen hat als derjenige, den der Name sonst zu bezeichnen pflegt (s. auch oben I a. E). Die materielle Abweichung ist unrichtig; dies ergibt schon die einfache Erwägung, dafs anderenfalls die Anerkennung als kriegführende Macht nur dekorative Bedeutung hätte; und eine Betrachtung der von Hall selbst gegebenen Begründung bestätigt es.

Denn wenn Hall die Ansicht, dafs „acts which are allowed in war, when authorized by a politically organised society, are not piratical“ (das soll heifsen nicht geeignet sind, die Zulässigkeit eines Eingreifens zu begründen) mit der Erwägung rechtfertigen will, man könne nicht behaupten „that acts which are done for the purpose of setting up a legal state of things, and which may in fact have already succeeded in setting it up, are piratical for want of an external recognition of their validity, when the grant of that recognition is properly dependent in the main upon the existence of such a condition of affairs as can only be produced by the very acts in question“ : so liegt dem eine unhaltbare Auffassung des Verhältnisses von Zweck und Mittel zu Grunde. Akte, die auf Herstellung eines Zustandes gerichtet sind, der nach seiner Herstellung vorgenommene Handlungen derselben Art legal erscheinen läfst, sind selbst doch nur nach dem gegenwärtigen Rechte zu beurteilen. Die Ermordung einer Person ist nicht weniger Mord, wenn sie bezweckte, in ihr das einzige Hindernis zu beseitigen, das dem Erlasse eines die Tötung der Personenklasse erlaubenden Gesetzes im Wege stand, zu der der Ermordete gehörte. Der Zweck mag die Mittel heiligen; legalisieren kann er sie nicht.

Zwei weitere Gründe aber, die Hall zum Beweise der nichtpiratischen Natur (für ihn also der eine Intervention nicht begründenden Natur) der Gewalthandlungen politisch organisierter Revolutionäre beibringt, tun in Wahrheit die Unhaltbarkeit der ganzen Unterscheidung der einen politisch organisierten Verband bildenden und anderer Aufständischer dar. Es sind die politische Natur der Aktion[1] und ihre Richtung gegen nur einen Staat[2]. Aber auch die nicht sich als Aktion einer politisch organisierten Gemeinschaft darstellende revolutionäre Bewegung verfolgt ihrem Wesen nach „public ends“ und ist „enemy solely of a particular state“.

Die Scheidung piratischer und nicht piratischer Akte nach dem Merkmal der Zurückführbarkeit auf wenn auch nicht anerkannte politisch organisierte Verbände oder auf isolierte und kleinere Gemeinschaften[3] läſst sich systematisch als eine Übertreibung der Forderung auffassen, daſs der politische Zweck eines Unternehmens in ihm klar zum Ausdruck gelangt (objektiviert) sein müsse, um es seines politischen Charakters wegen als nichtpiratisch bezeichnen zu können (s. o. § 12).

Für Kaperschiffe revolutionärer Parteien können keine anderen Rechtssätze gelten als für Kriegsschiffe[4]. Denn

---

[1] „Its [piracy] essence consists in the pursuit of private, as contrasted with public, ends.“

[2] Die Begründung ist auffällig, da Hall im allgemeinen die Richtung gegen alle Nationen der Piraterie nicht wesentlich hält.

[3] Ob eine „politisch organisierte Gemeinschaft“ vorliegt, ist „a question of fact“, S. 260.

[4] So auch Kenny, S. 315; Walker, Manual, S. 56, N. 1. Abweichend Perels, S. 175 („Autorisation eines Prätendenten“); v. Liszt, S. 211 (er äuſsert sich nur über Kaperschiffe); Phillimore I, S. 506 f. (Kaper Jakobs II.). G. F. v. Martens, Kaper, § 11, ist unentschieden.

auch das Kaperunternehmen entbehrt objektiv nicht eines politischen Zweckes.

III. Die Staatenpraxis. Ein Kriegsschiff einer aufständischen Partei, das die Gefährdung oder Verletzung ausländischer Interessen streng vermeidet, wird als Pirat weder behandelt noch bezeichnet. Die Mächte enthalten sich ihm gegenüber jeder Einmischung. Die Instruktionen für die Kriegsflotten [1], das tatsächliche Verhalten der Mächte und grundsätzliche diplomatische Erklärungen gelegentlich von Präzedenzfällen [2] ergeben ein sicheres und einheitliches Bild der internationalen Überzeugung [3].

Nicht ganz so sicher ist die Staatenpraxis im Falle, dafs die Handlungen der Empörer auch fremde Interessen verletzen oder gefährden, speziell bei Beanspruchung der Rechte Kriegführender gegenüber Neutralen durch sie. Mehrfach haben Grofsmächte ihr Einschreiten gegen aufständische Kriegsschiffe, die sich der — ohne jeden Zweifel unberechtigten — Ausübung solcher Rechte schuldig gemacht hatten, auf den Rechtstitel der Piraterie gestützt [4].

---

[1] Deutsche „Bestimmungen für den Dienst an Bord“, § 21, Nr. 16; Queens Regulations von 1899, Art. 450; Regulation for the Government of the navy of the United States von 1900, Art. 306.

[2] Präzedenzfälle bei Perels, S. 110 f., Rougier, § 65 und besonders Pradier-Fodéré, § 2510 f.

[3] Von dem Grundsatze der Nichtintervention gehen die Mächte auch bei Aufforderung der durch die Revolution bedrohten Regierung nicht ab; der Aufforderung Spaniens in dem Bürgerkriege von 1873 (Dekret vom 20. Juli; ferner Note an Grofsbritannien, Staatsarchiv 1874, Nr. 5218), die Rebellenflotte als Piraten zu behandeln, kamen sie nicht nach, s. Staatsarchiv 1874, Nr. 5219 (Grofsbritannien), 5226 (Frankreich), 5227 (Deutschland). Ähnlich brasil. Erklärungen gegenüber Aufforderungen Argentinas 1873 (Fall der Porteña, Pradier-Fodéré, § 2511) und Spaniens 1877 (Montezuma, Pradier-Fodéré a. a. O.). Das egoistische Interesse schwacher Regierungen ist kein Interesse der Völkerrechtsgemeinschaft.

[4] England: der Huascar, 1877 (Bericht bei Pradier-Fodéré, § 2512, Halleck I, S. 388 f.), ein peruanisches Kriegsschiff in den Händen von Aufständischen, hatte englische Handelsschiffe angehalten und von einem derselben Kohlen weggenommen; er wurde von englischen Kriegsschiffen in den peruanischen Gewässern angegriffen, entkam aber; in Südamerika entstand eine grofse politische Erregung gegen England (die Darstellungen Pradier-Fodéré's und Calvo's sind durch sie beeinflufst); die englische Regierung erklärte im Unterhause nicht ohne

Aber es ist doch leicht zu erkennen, dafs sich unter dem Namen der Repression der Piraterie die Intervention verbirgt. Man schreitet gegen die angeblichen Piraten innerhalb des Territoriums ihres Heimatstaates ein[1]; man bestraft sie nicht[2]; und vor allem, es geht nur der bedrohte

---

Widerspruch (W. Harcourt's, s. Geffcken bei Holtzendorff IV, S. 570) den Huascar für einen Piraten. In demselben Sinne in dem spanischen Bürgerkriege von 1873 das auswärtige Amt an die Admiralität, 24. Juli 1873, Staatsarchiv 1874, Nr. 5219 (vgl. S. 94, N. 3).

Deutschland: am 6. Sept. 1902 bohrte der „Panther" das in den Händen Aufständischer befindliche haitanische Kanonenboot Crête à Pierrot, das am 2. Sept. in den haitanischen Gewässern von dem deutschen Dampfer Markomannia der haitanischen Regierung gehörige Waffen weggenommen hatte, im Hafen von Gonaives in den Grund; Bericht Marinerundschau 1902, S. 1189 f., ferner Besprechung in der Rev. gén. 1903, S. 315 f. Die Berechtigung des Vorgehens ist ohne Zweifel; es war eine repressive Intervention mangels Funktionierens der staatlichen Strafrechtspflege; die — politisch gehässige — Besprechung in der Revue générale, die Deutschland des Völkerrechtsbruches beschuldigt, geht davon aus, dafs die Wegnahme der Waffen rechtmäfsig gewesen sei, da die Markomannia sich durch den Transport derselben einer Verletzung des Prinzips der Nichtintervention in Bürgerkriegen schuldig gemacht habe und die Waffen demzufolge Kontrebande im Sinne des Völkerrechtes gewesen seien; die Auffassung ist seltsam verworren („Les devoirs imposés aux Etats par la non-intervention sont sensiblement les mêmes que ceux de la neutralité, mais ils affectent le caractère d'une obligation morale plutôt que d'une obligation juridique"); ein Minimum juristischer Bildung genügt, ihre Unhaltbarkeit zu erkennen. Die deutsche Regierung bezeichnete die Crête à Pierrot als Seeräuber (Marinerundschau, S. 1189). Die amerikanische Regierung soll dem nicht beigestimmt haben, weil die Beschlagnahme der Waffen innerhalb der Dreimeilenzone stattgefunden hatte (piracy, ein Akt upon the high seas, Rev. Stat. s. 5368), ohne die Berechtigung des deutschen Eingreifens zu bestreiten (Köln. Zeitung 1902, Nr. 707).

[1] Wäre der „Huascar" aus dem Rechtsgrunde der Piraterie angegriffen worden, so würde in der Tat „une flagrante violation de l'immunité territoriale" (peruanische Regierung, Pradier-Fodéré, § 2512) vorgelegen haben. Nicht anders in dem Falle der Crête à Pierrot, s. auch vorige Note a. E.

[2] Erklärung des Attorney-General im Unterhause, Halleck I, S. 390: „In strictness the crew of the ‚Huascar' were pirates, and might have been treated as such; but it was one thing to say that, according to the strict letter of the law, people have been guilty of acts of piracy, and another to advise that they should be tried for their lives and hanged at Newgate;" die Queens Regulations (Art. 450 der Fassung von 1899, gegen damals nicht verändert) schreiben aber sehr deutlich vor, dafs wahre Piraten dem nächsten zuständigen Gerichte zuzuführen sind, „that they may be dealt with according to law". Auch das deutsche Vorgehen gegen die Crête à Pierrot war von strafprozessualen Gesichtspunkten frei, der Besatzung wurde freier Abzug gewährt.

oder verletzte Staat gegen sie vor, ohne daran zu denken, die Mitglieder der Völkerrechtsgemeinschaft an ihre internationale seepolizeiliche Pflicht der Säuberung des Meeres von Piraten zu erinnern [1].

Zudem ist in Instruktionen und amtlichen Erklärungen des öfteren ausdrücklich die Repression der Übergriffe aufständischer Kriegsschiffe dem Gebiete der Intervention zugewiesen, so dafs Name und Rechtsbegriff in Einklang stehen [2].

---

[1] Die Repression der Piraterie ist eine völkerrechtliche, die Intervention eine staatsrechtliche Pflicht (Schutzpflicht). Deutschland, s. die Angaben in N. 2. Frankreich, ebenda und décret sur le service à bord vom 20. Mai 1885, Art. 138. England, Queens Reg. von 1899, Art. 450, zweiter Teil in Verbindung mit Art. 447, ferner sehr deutlich Auswärtiges Amt an die Admiralität 24. Juli 1873 (Staatsarchiv 1874, Nr. 5219): „If such vessels commit any acts of piracy affecting British subjects or British interests, they should be treated as pirates ... but if they do no such act they should not be interfered with," im Gegensatz zu der die wahre Piraterie betreffenden Anweisung der Queens Regulations, Art. 450, erster Teil, die ausdrücklich auch „piratical acts against the vessels and goods of the subjects of any Foreign Power in amity with Her Majesty" als Grund zum Einschreiten nennt. Vereinigte Staaten, Regulation for the Government of the navy von 1900, Art. 306. Brasilien, Anweisung des Ministers des Auswärtigen in der Affaire der Porteña (s. o. S. 94, N. 3), bei Pradier-Fodéré, § 2511: „Nos escadres ne traitent pas comme pirates les navires soupçonnés d'appartenir aux insurgés d'une nation, si ce n'est dans le cas où ces navires porteraient atteinte au pavillon brésilien, aux personnes ou aux propriétés brésiliennes."

[2] Deutschland, 9. Aug. 1873, deutscher Botschafter an den englischen Minister des Auswärtigen, Staatsarchiv 1874, Nr. 5227 (Übersetzung): „In this question my Government takes as basis: 1. In principle, non-intervention ... 2. Limiting military action exclusively to the protection of German life and property;" ferner Bestimmungen für den Dienst an Bord, § 21, Nr. 16, Abs. 2: „Ein Einschreiten ist in solchen ... Fällen [gegen „Schiffe, welche im Besitz von Aufständischen sind"] nur so weit zulässig, als dies zum Schutz des Lebens, der Freiheit oder des Eigentums deutscher Reichsangehöriger erforderlich ist und die Gefahr auf andere Weise nicht abgewendet werden kann." Frankreich, Instruktion an die Schiffskommandanten vom 4. Aug. 1873, Staatsarchiv 1874, Nr. 5226, kein Einschreiten gegen die Schiffe der Aufständischen aufser dem Falle „que vous auriez à faire usage du droit de protection qui vous incombe en vertu de vos fonctions". Vereinigte Staaten, Forderung der intention of general hostility (s. o. S. 57, N. 1), so auch Botschaft des Präsidenten Cleveland vom 8. Dez. 1885 (Perels, S. 112, N. 1): „... neither could the vessels of insurgents against the legitimate sovereignty be deemed hostes humani generis within the precepts of international law" (anders die Proklamation Lincolns vom 19. April 1861 betreffend die Flotte der Südstaaten). — Auf dem richtigen Wege auch Dr. Lushington in The Magellan Pirates bei Phillimore I,

§ 15. Illegale Kaperei.

I. Quellen. Die Kaperei als Lebenserscheinung gehört der Vergangenheit an[1], wenn sie auch als Rechtsinstitut noch in gewissem Umfange fortbesteht. In keinem der grofsen Kriege seit Ausgang der napoleonischen Ära sind Kaper zur Verwendung gelangt; die letzten Kaperei-Reglements sind im Anfange des 19. Jahrhunderts erlassen worden[2]. Eine Fortbildung des gewohnheitsrechtlichen Völkerrechtes kann daher im 19. Jahrhundert kaum stattgefunden haben; zum mindesten spricht die Vermutung gegen sie.

Das Kapereirecht, wie es an der Wende des 18. und 19. Jahrhunderts in Geltung stand, ist in einer klassischen Monographie G. F. v. Martens'[3] niedergelegt.

Die Darstellung kann sich nicht auf den Nachweis beschränken, dafs die Fälle illegaler Kaperei, die man als Piraterie betrachtet hat, sich dem im vorigen entwickelten Pirateriebegriff entweder unterordnen oder aus ihm herausfallen, sondern es ist daneben zu prüfen, ob nicht etwa spezielle Völkerrechtssätze für die einzelnen Fälle bestehen.

II. Der Rechtszustand. 1. Piraterie und Kaperei. Der historische und nicht anders der modern-systematische Gegensatz der Kaperei und der Piraterie besteht darin, dafs die Kaperei, auf Grund einer speziellen

S. 498 f., Handlungen Aufständischer gegen den eigenen Staat sind nicht Piraterie, „it does not follow that rebels and insurgents may not commit piratical acts against the subjects of other States, especially if such acts were in no degree connected with the insurrection or rebellion“.

[1] Die hauptsächlichste Gewähr gegen ihr Wiederaufleben liegt in der modernen Einrichtung der „freiwilligen Flotte“, „Hilfsflotte“; vgl. auch spanisches Dekret vom 24. April 1898 (Rev. gén. 1898, S. 761), Art. 4: „Le gouvernement espagnol, maintenant son droit de concéder des patentes de course ... organisera, pour le moment, avec des navires de la marine marchande, des croiseurs auxiliaires de la marine militaire.“

[2] So französ. Arrêté du gouvernement vom 22. Mai 1803; span. Ordonnanz vom 20. Juni 1801.

[3] Versuch über Kaper, 1795. Die zahlreichen, meist tendenziösen, modernen Schriften über das Thema erreichen Martens' Abhandlung weder an Vollständigkeit noch an Durchdringung des Materials.

staatlichen Autorisation betrieben, sich als eine innerhalb der völkerrechtlichen Gemeinschaft zulässige militärische Aktion moderner Staatsgewalt und damit als ein politisches Unternehmen darstellt[1]. Der Begriff einer „Kaperei ohne Autorisation" enthält eine contradictio in adjecto.

Schiffe, die in Kriegszeiten ohne staatliche Autorisation gegen den Feind auf Seebeute ausgehen, stehen danach unter dem allgemeinen Piraterierecht. Beschränken sie ihre Hostilitäten auf Fahrzeuge feindlicher Nationalität, so können sie nicht als Piraten angesehen werden[2]. Hieran kann sich, sofern sie sich nur in den Grenzen der politischen Aktion halten, auch dadurch nichts ändern, dafs sie neutralen Schiffen gegenüber die Rechte Kriegführender ausüben. Der Kriegsgegner darf sie in völkerrechtlicher Freiheit zur Verantwortung ziehen, auch ihre Handlungen landesrechtlich als Piraterie bezeichnen[3]; der Heimatstaat ist völkerrechtlich verbunden, ihre Aktion zu verhindern[4]. Dritten Staaten steht ein Eingriffsrecht nicht zu[5].

---

[1] G. F. v. Martens, § 5 u. 6 („sofern man also den Unterschied zwischen unseren Kapern und den Seeräubern darin setzt, dafs erstere mit besonderer Erlaubnis einer kriegführenden Macht versehen sind . . ."); s. auch oben S. 38, N. 6.

[2] Wheaton II, S. 18; Kenny, S. 316 („Even though their action be spontaneous and without any commission at all from the Power whose interests they serve"); Piédelièvre I, S. 585. Abw. v. Liszt, S. 335.

[3] Vgl. auch § 12, II, 2. Es ist geschehen im ital. Cod. p. l. mar. merc., Art. 322 („senza essere provveduta di lettere di marco", eine Voraussetzung, die die einer Autorisation als das kleinere einschliefst) und im brasil. St.G.B., Art. 105, § 1, während z. B. das französ. Gesetz von 1825 eine dahingehende Bestimmung nicht enthält (Art. 2, Nr. 2: „un navire . . . étranger, lequel, hors l'état de guerre . . . commettrait lesdits actes envers des navires français . . .").

[4] Denn sie widerspricht den Kriegsgesetzen. Preufs. Allgem. Landrecht I, 9, § 206 (noch in Geltung): „Wer ohne diese [Kaperbriefe] auf Kaperei ausgeht, wird als ein Seeräuber angesehen;" so auch holländ. Gesetz von 1597 (Baud, S. 79 f.) und darauf gestützt Bynkershoek, Quaest. Jur. Publ. L. I, C. XVII.

Im allgemeinen betrachtet der Heimatstaat das Schiff nicht als Piraten, vgl. französ. Gesetz von 1825, Art. 2, Nr. 1 (Gewaltakte französischer Schiffe Piraterie nur, wenn gerichtet „envers des navires français ou des navires d'une puissance avec laquelle la France ne serait pas en état de guerre") und brasil. St.G.B., Art. 104, § 1. Ital. Cod. p. l. mar. merc., Art. 322, Abs. 2 und span. St.G.B. von 1870, Art. 155, Abs. 2

Ein Schiff, das sich von beiden kriegführenden Staaten zur Kaperei autorisieren läfst, kann nicht als Kaper angesehen werden, da seine Aktion eines in ihr objektivierten politischen Zweckes vollständig ermangelt. Seine Hostilitäten sind gegen prinzipiell alle Nationen gerichtet; wenn es neutralen Staaten gegenüber seine Räubereien auf Wegnahme von Kriegskontrebande beschränkt, so ist offenbar die Absicht nur, einen längeren ungestörten Fortgang des Treibens zu ermöglichen (vgl. oben § 10 II). Das Schiff ist demnach Pirat[1].

2. Völkerrechtswidrige Autorisierung (vgl. § 12 II 3). Völkerrechtswidrige Autorisierung setzt den autorisierenden Staat allen Folgen der Verletzung der loi de guerre aus. Das autorisierte Schiff, als ein völkerrechtswidriger Bestandteil der Streitkräfte, entbehrt (nicht anders als autorisierte Francstireurs, s. o. N. 4, S. 82) des Schutzes der Kriegsgesetze; der Kriegsgegner kann seine Besatzung strafrechtlich verantwortlich machen. Piraterie im Sinne des Völkerrechts ist nicht gegeben.

---

bezeichnen zwar die Handlungen als piratische, stellen aber einen wesentlich milderen Strafrahmen für sie auf; das spanische St.G.B. von 1848 liefs sie noch straflos. Über das englische Recht s. folgende Note.

[5] Strafbarkeit ausgeschlossen im französischen (s. S. 98, N. 3), italienischen (Cod. p. l. mar. merc., Art. 321, Gewalthandlungen fremder Schiffe nur, wenn „fuori dello stato di guerra“ begangen, als Piraterie bezeichnet und strafbar) und brasilischen (St.G.B., Art. 105, § 1) Rechte. Dementgegengesetzt scheinen die Queens Reg., Art. 450 (und ähnlich schon die Naval Reg. von 1787 und 1826, bei Halleck II, S. 12, N. 1): „Should any armed vessel, not having a Commission of War ... from a Foreign de facto Government, commit piratical acts and outrages against the vessels and goods of Her Majesty's subjects, or of the subjects of any other Foreign Power in amity with Her Majesty ... such vessel is to be seized ...;“ wenn aber, wie daraus ersichtlich, das englische Recht den Angriff fremder Schiffe auf Feinde Englands nicht als Piraterie betrachtet, so kann es sich nicht wohl berufen fühlen, ihre Hostilitäten gegen Feinde ihrer eigenen Nation als solche zu reprimieren.

[1] So die durchaus herrschende Meinung. G. F. v. Martens, Kaper, § 14; Nau, Grundsätze des Völkerseerechts, 1802, S. 395; Perels, S. 174; Ortolan I, S. 246; Wheaton I, S. 142; Phillimore I, S. 503; Hall, S. 262; Woolsey, Introduction, S. 234; u. a. m. Abweichend Pradier-Fodéré, § 2506; Gareis bei Holtzendorff II, S. 581. Der Fall ist besonders genannt im niederl. St.G.B., Art. 381, Abs. 2.

Es gehören hierhin vornehmlich die Autorisation ohne Ausstellung eines Kaperbriefes[1] und jede Autorisation in einem Kriege zwischen Staaten, die der Pariser Seerechtsdeklaration beigetreten sind[2]. Über die Autorisation von Schiffen fremder Nationalität siehe III.

3. Völkerrechtswidriges Verhalten des Kapers. Nach dem allgemeinen Grundsatze, dafs Verletzung der Kriegsgesetze den Schuldigen für die verletzende Handlung ihres Schutzes beraubt, kann ein Kaper, der aufserhalb des Schauplatzes des Seekrieges Beute macht[3] oder der Prisen verheimlicht[4], von dem Kriegsgegner strafrechtlich verfolgt werden. Wegnahme neutraler Schiffe kann nach dem Landesrecht des verletzten neutralen Staates strafbar sein, doch ist derselbe zur Festnahme des Kaperschiffes nur nach den allgemeinen Grundsätzen (Intervention, s. § 12 III) befugt[5]. Fortsetzung der Aktion nach Ablauf

[1] Die Autorisation ist rechtsförmig, Aufserachtlassung der Form eine Völkerrechtsverletzung. Wie der Text G. F. v. Martens, Précis, § 288: „Celui qui, sans lettres de marque, commettrait des hostilités sur mer, peut être puni comme pirate, tant par l'ennemi que par son souverain;" so auch Kaper, § 10. Das englische (s. S. 99, N. 5), italienische (S. 98, N. 3) und brasilische (S. 98, N. 3) Recht erklären den Kriegsgegner ohne Kaperbrief für einen Piraten; nach deutschem Rechte würden die Bestimmungen des St.G.B. über Mord, Raub usw. Anwendung finden.

[2] Piraterie soll vorliegen nach Saripolos, Griechisches Strafrecht, 1870, § 561 γ und Senly, La piraterie, 1902 (s. o. S. 64, N. 5), S 79. Dagegen betrachten v. Liszt, S. 336 und Piédelièvre I, S. 585, den Kaper selbst als überhaupt nicht verantwortlich. Richtig Revue générale IV, 1897, S. 695: „L'abolition de la course aurait eu pour effet de permettre à chacun d'eux [Griechenland und der Türkei] de considérer les corsaires de l'autre comme pirates."

[3] Vgl. G. F. v. Martens, Kaper, § 18 (bei Wegnahme von Schiffen in den Flüssen des Feindes wird der Kaper nicht „als rechtmäfsiger Feind angesehen, sondern als Seeräuber gestraft") und dort Note o Nachweisungen über das Landesrecht; Baud, S. 95 f. (niederl. Placaat vom 24. Februar 1696 und mehrere spätere setzen Todesstrafe auf das blofse Eindringen feindlicher Kaper in die niederländischen Flüsse); Wheaton II, S. 87.

[4] Hierzu G. F. v. Martens, Kaper, § 10; Perels, S. 174.

[5] Nicht Piraterie (kein Einschreiten des neutralen Staates) Wheaton I, S. 141; Kent, Int. Law, S. 409; Woolsey, Introduction, S. 234; Phillimore I, S. 503; Ortolan I, S. 239; Pradier-Fodéré, § 2503; Piédelièvre I, S. 584. Der Heimatstaat ist völkerrechtlich verantwortlich, wenn die Verfolgung der Entschädigungsansprüche der Neutralen

oder Zurücknahme des Markbriefes oder nach Beendigung des Krieges steht unter denselben Regeln wie die nicht autorisierte Beutefahrt (s. o. 1)[1]. Piraterie im Sinne des Völkerrechts ist an sich keiner dieser Fälle[2].

Sehr zweifelhaft ist die Frage der Behandlung eines Kapers, der für mehrere verbündete oder doch nicht mit einander im Kriege befindliche Mächte gleichzeitig tätig ist[3]. Dem allgemeinen Pirateriebegriff ordnet sich ein solches Verhalten nicht unter; aber nach dem französischen, spanischen, italienischen, brasilischen und dem älteren niederländischen Rechte könnte es scheinen, als sei es durch speziellen völkerrechtlichen Rechtssatz der Piraterie gleichgestellt[4]. Die Literaturbetrachtet durchweg die mehrfache Autorisierung als einen nicht zu duldenden Mifsstand;

---

vor seinen Gerichten nicht zum Ziele führt, amerik.-englischer Schiedsvertrag vom 19. Nov. 1794, Art. 7 (La Fontaine, Pasicrisie internationale 1902, S. 5).

[1] Nicht Piraterie: Bynkershoek, Quaest. Jur. Publ. I, XVII; Fiore, Droit int., § 495; Samios, S. 37. Abw. Rivier II, S. 259.

[2] Doch bedrohen Brasil. St.G.B., Art. 104, § 2 und Niederl. St.G.B., Art. 381, Abs. 2 Überschreitungen der Kommission ganz allgemein (nicht in Beschränkung auf Verletzungen der eigenen Interessen) als piratische Akte. Perels, S. 173f. und 110, bezeichnet die im Text beschriebenen Tatbestände als „Quasipiraterie“, ohne sich über die Rechtsfolgen (ob internationale Verfolgung) näher auszulassen.

[3] Eine Äufserung darüber, ob sich der autorisierende Staat einer Völkerrechtsverletzung schuldig mache, sucht man in der Literatur vergeblich; auch das Landesrecht ergibt nichts darüber.

[4] Französ. Ordonnanz von 1681, Buch III, Tit. IX, Art. 5: „Tout Vaisseau . . . ayant Commission de deux differens Princes ou Estats, sera . . . de bonne prise; et s'il est Armé en Guerre, les Capitaines et Officiers seront punis comme Pirates,“ ähnlich Kapereireglement vom 22. Mai 1803 und jetzt Gesetz von 1825, Art. 1, Nr. 2. Span. Kapereiordonnanz vom 20. Juni 1801, Art. 27. Ital. Cod. p. l. mar. merc., Art. 325. Brasil. St.G.B., Art. 105, § 3. Niederl. Placaat vom 29. Januar 1658 (Baud, S. 91). Die Bestimmungen beziehen sich auch auf ausländische Schiffe und Nichtuntertanen. Doch zwingt der ganze Komplex von Vorschriften nicht unbedingt zu der Annahme, dafs ihm die Auffassung der Gleichheit des Tatbestandes mit dem der Piraterie zugrunde liegt. Denn die prisenrechtlichen Vorschriften (französ. Ordonnanz von 1681 und Kapereireglement von 1803, span. Ordonnanz von 1801) denken wohl daran, dafs sich die mehrfache Kommissionierung bei der Kontrolle fremder Kaper durch französische bezw. spanische Kriegsschiffe (über die Zulässigkeit einer solchen Überwachung vgl. Hall, S. 526) herausstellt; und die strafrechtlichen setzen nicht notwendig Inanspruchnahme eines Aufbringungsrechtes in einem ihnen entsprechenden Umfange voraus.

als Piraten sieht sie den Kaper entweder gar nicht[1] oder nur dann an, wenn die Markbriefe nicht von dem Heimatstaate und dessen Kriegsverbündeten ausgestellt sind[2].

Die mit der mehrfachen Kommissionierung verbundene Führung mehrerer Flaggen begründet kein internationales seepolizeiliches Eingriffsrecht[3].

III. Eine besondere Beachtung hat auch in der neueren Literatur die Frage gefunden, in welcher Rechtslage sich ein von einem anderen als seinem Heimatstaate autorisierter Kaper befindet. Die Meinungen sind sehr geteilt. Man sah bis ins 19. Jahrhundert hinein allgemein und sieht noch heute sehr häufig die Autorisierung für vollkommen legal an[4]; betrachtet man sie als illegal, so läfst man entweder nur die normalen Rechtsfolgen völkerrechtswidriger Kommissionierung (s. v. II 2) eintreten[5], oder aber man

---

[1] G. F. v. Martens, Kaper, § 14; Phillimore I, S. 503; Pradier-Fodéré, § 2506; auch Perels, S. 174.

[2] So Ortolan (im Zusammenhang mit seiner Ansicht, dafs Kaperei durch ein nicht dem autorisierenden Staate angehöriges Schiff Piraterie sei) I, S. 246; wie er Calvo, § 496. — Bynkershoek, Quaest. Jur. Publ. I, XVII (im Anschlufs an die niederländische Gesetzgebung, s. S. 101, N. 4) und Rivier II, S. 259, scheinen allgemein Piraterie anzunehmen.

[3] Nicht einmal dem Staate, dessen Nationalflagge mifsbräuchlich geführt wird, steht die Befugnis der Kontrolle auf hoher See zu, vgl. die Schlufsbestimmung in § 3 b der deutschen Verordnung vom 21. Aug. 1900 (die Kriegsschiffe haben die unbefugte Führung der Nationalflagge zu verhindern) in Verbindung mit den „Bestimmungen für den Dienst an Bord" von 1903, § 23, Nr. 11 f (Einschreiten auf hoher See nur bei Übertretung der Verordnung durch deutsche Handelsschiffe gestattet). Beiläufig hat die erwähnte Bestimmung des § 3 b in dem § 22 des Flaggengesetzes, in dessen Ausführung die Verordnung von 1900 ergangen ist, keine Grundlage.

[4] Vattel L. III, C. XV, § 229; G. F. v. Martens, Kaper, § 13 („nichts hindert, auch Untertanen neutraler oder alliierter Mächte Markbriefe zu geben, wenn diese in dem Fall sind, sie nachsuchen zu können"); Pradier-Fodéré, § 2505; Kent, Int. Law, S. 410; Hall, S. 262 f. („some writers hold, that usage ought to be modified"); Halleck I, S. 398 Note; Travers Twiss, Int. Law II, S. 419.

[5] Der Gegner kann die Besatzung strafrechtlich verantwortlich machen; so wohl Phillimore I, S 504: „That such a vessel is guilty of a gross infraction of International Law, that she is not entitled to the liberal treatment of a vanquished enemy, is wholly unquestionable; but it would be difficult to maintain that the character of piracy has been stamped upon such a vessel by the decision of International Law."

erklärt den Kaper für einen Piraten im Sinne des Völkerrechts[1].

Für die Entscheidung der Rechtsfrage ist ihre genaue Trennung von einer anderen, mit der sie in der neueren Literatur regelmäfsig vermischt wird, von gröfster Bedeutung. Es ist die, ob eine Regierung, die ihren Untertanen gestattet, fremde Kaperbriefe anzunehmen, sich einer Neutralitätsverletzung schuldig mache[2]. Ihre Bejahung oder Verneinung präjudiziert einer Stellungnahme zu der Frage der Behandlung des Kaperschiffes in keiner Weise, so wenig wie die Tatsache der Anwerbung im Gebiete einer neutralen Macht, der Ausrüstung in einem neutralen Hafen für die Entscheidung der Frage bestimmend ist, ob die Handlungen eines Truppenkörpers oder eines Kriegsschiffes nach der loi de guerre strafrechtlicher Ahndung entzogen sind. Nicht die Neutralitätsverletzung des Heimatstaates, sondern nur die Völkerrechtswidrigkeit der Handlungsweise des autorisierenden Staates kann der Anerkennung des Kapers als eines rechtmäfsigen Feindes entgegenstehen. Die überaus zahlreichen landesrechtlichen Bestimmungen, die den eigenen Untertanen die Annahme fremder Kaperbriefe verbieten, scheiden schon aus diesem Grunde für eine Betrachtung der Rechtsstellung des Kaperschiffes gegenüber dem Kriegsgegner und dritten Nationen völlig aus[3 und 4].

---

[1] Perels, S. 172f.; Ortolan I, S. 243f.; Bonfils, § 1273; Rivier II, S. 259.

[2] Die Frage ist zu bejahen. So G. F. v. Martens, Kaper, § 13 („da es aber der Neutralität nicht gemäfs ist, zu gestatten, dafs Untertanen durch dergleichen Kapereien den einen kriegführenden Teil unterstützen und dem anderen schaden, so verbieten alle Staaten überhaupt Markbriefe von einer fremden Macht ohne Erlaubnis ihres Souverains anzunehmen, und viele Verträge verpflichten sie sogar, . . . ihren Untertanen dieses zu untersagen.“ Er fährt fort: „Gleichwohl ist die kriegführende Macht, wider welche sie solche Markbriefe erlangt hätten, nicht berechtigt, sie als Seeräuber zu behandeln“); Heffter, § 148.

[3] Vgl. N. 2. Sie haben den Sinn der Erfüllung einer Neutralitätspflicht, doch wird namentlich den älteren auch das rein egoistische Interesse der Erhaltung der Schiffe für den eigenen Staat zugrunde liegen. Dafs die Bestimmungen nicht zur Begründung der Ansicht herangezogen werden können, die Piraterie im Sinne des Völkerrechts behauptet, ergibt mit aller Klarheit der häufige Zusatz: „ohne Erlaubnis der Regierung“

Das hiernach für die Erkenntnis des völkerrechtlichen Rechtszustandes verbleibende gesetzliche und diplomatische Material besteht, soweit wir sehen, aus zwei niederländischen Gesetzen aus dem 17. Jahrhundert (holländisch-portugiesischer und holländisch-englischer Krieg)[1], englischen und franzö-

---

und dann die Tatsache, dafs überhaupt nur ein Teil von ihnen die Handlung als Piraterie bezeichnet. Solche Verbote sind: Französ. Ordonnanz von 1681, L. III, Tit. IX, Art. 3 („défendons à tous nos Sujets de prendre Commission d'aucuns Roys ... estrangers, pour ... courir la Mer sous leur Banniere, si ce n'est par nostre permission, à peine d'estre traitez comme Pirates"); niederl. Placaaten von 1611, 1653 und sonst; englische Verbote im 17. Jahrhundert (Leoline Jenkins bei Phillimore I, S. 492: „'Tis a crime in an Englishman to take commission from any foreign prince, that is in open war with another prince or State ... since his Majesty hath forbid it by various proclamations." Aber: „Yet if a man do take such a commission, or serve under it, then 'tis no robbery to assault, subdue, and despoil his lawful enemy"); s. auch die Angaben bei G. F. v. Martens, Kaper, § 13, Note s. Aus neuerer Zeit: englische Foreign Enlistment Act, 1870, s. 4; amerik. Rev. Stat. s. 5281 f. (Neutralitätsakte vom 20. April 1818); französ. Gesetz von 1825, Art 3, Nr. 1; span. Kapereiordonnanz von 1801, Art. 29; brasil. St.G.B., Art. 104, § 6 (in den drei letztgenannten Gesetzen ist der Tatbestand als Piraterie bezeichnet); niederl. St.G.B., Art. 388; und implicite alle Landesgesetze, die den Eintritt in fremde Kriegsdienste allgemein untersagen. Besonders erwähnt ferner in zahlreichen Neutralitätserklärungen (verschiedenen rechtlichen Charakters), so z. B. österr. Erlafs vom 25. Mai 1854 (Annahme von Kaperbriefen soll als Versuch des Raubes betrachtet werden) und ähnlich 11. Mai 1859, ital. Dekrete vom 6. April 1866 und 26. Juli 1870. Das Geltungsgebiet der Verbote ist verschieden, z. B. ist die amerik. Neutralitätsakte von 1818 auf innerhalb des amerikanischen Territoriums, die engl. For. Enl. Act, 1870, auf von englischen Untertanen begangene Handlungen anwendbar. — Das englische und das amerikanische Recht haben zur Begründung unbeschränkter Strafkompetenz Feindseligkeiten englischer bezw. amerikanischer Untertanen gegen ihr Vaterland „under colour of any commission from any foreign prince" für piracy erklärt, 11 u. 12 Will. 3 c. 7 s. 8 (1698), 18 Geo. 3 c. 30 (1744), amerik. Rev. Stat. s. 5373 (30. April 1790); der Tatbestand ist ein Fall des Landesverrats.

[4] Häufig haben einzelne Mächte sich vertragsmäfsig verpflichtet, ihren Untertanen die Annahme fremder Kaperbriefe zu verbieten, wobei mehrfach, aber nicht einmal in der gröfseren Zahl der Fälle, der reprobierte Tatbestand als Piraterie qualifiziert wurde. Wie man aus diesen Verträgen herauslesen will, dafs jeder nicht nationale Kaper Pirat im Sinne des Völkerrechts sei (Bonfils, § 1273), ist ganz unerfindlich. Eine detaillierte Anziehung des in Frage kommenden Quellenmaterials erübrigt sich (die älteren Verträge siehe bei G. F. v. Martens, Kaper, § 13, Note t, die neueren bei Pradier-Fodéré, § 2505.

[1] Placaaten vom 29. Juli 1661, Verbot an jeden Nichtportugiesen, auf portugiesischen Kaperschiffen Dienst zu tun, bei Strafe, als Seeräuber behandelt zu werden, und vom 11. März 1665, dasselbe gegenüber England (Baud, S. 92, 94).

sischen Verwaltungsanordnungen vom Ende des 18. bezw. dem Anfang des 19. Jahrhunderts (französisch-englische Kriege)[1], einem Schreiben des französischen Admirals Baudin an den mexikanischen Kriegs- und Marineminister vom 8. Januar 1839 (französisch-mexikanischer Krieg)[2], dem amerikanischen Gesetze vom 3. März 1847, Rev. Stat. s. 5374 (amerikanisch-mexikanischer Krieg)[3], und dem Art. 7 des spanischen Dekrets vom 24. April 1898 (spanisch-amerikanischer Krieg)[4].

Aus diesem Material ergibt sich eins mit aller Sicherheit:

---

[1] Mr. Randolph, Sec. of State, to Mr. Hammond, 23. Okt. 1794 (Wharton, Int. Law, § 383): „The British position that American citizens employed on French privateers in the war with revolutionary France were pirates, is in conflict with settled principles of international law.“ Mr. Madison, Sec. of State, report 25. Januar 1806 (Wharton a. a. O.): „The French decree of June 6, 1803, importing that every privateer of which two-thirds of the crew should not be natives of England, or subjects of a power the enemy of France, shall be considered a pirate, is in contravention of the law of nations.“

[2] „Je dois faire connoître à V. E. qu'afin d'empêcher, dans l'intérêt du commerce de toutes les nations, qu'un système de piraterie et de brigandage ne s'organise sous le pavillon mexicain, j'ai donné ... aux capitaines des navires de guerre sous mes ordres des instructions dont voici l'extrait:

‚Ne seront considérés comme mexicains que les navires armés dans un des ports du Mexique, pourvus d'une lettre de marque régulière, émanée directement du gouvernement de ce pays, et dont le capitaine et les deux tiers de l'équipage au moins seront nés mexicains.

Tout corsaire, sous pavillon mexicain, qui ne satisferait pas à ces conditions, sera considéré comme pirate, et, comme tel, traité avec toute la sévérité des lois de la guerre‘“ (Ortolan I, S. 449).

[3] „Every subject or citizen of any foreign state, who is found and taken on the sea making war upon the United States, or cruising against the vessels and property thereof, or of the citizens of the same, contrary to the provisions of any treaty existing between the United States and the state of which offender is a citizen or subject, when by such treaty such acts are declared to be piracy, is guilty of piracy, and shall suffer death.“ Vorgeschlagen durch Botschaft des Präsidenten vom 8. Dez. 1846 (bei Ortolan I, S. 242, N. 1), weil die Gefahr der Annahme mexikanischer Kaperbriefe durch spanische Untertanen bestand (entgegen Art. 14 des spanisch-amerikanischen Vertrages vom 20. Okt. 1795).

[4] „Seront considérés et jugés comme pirates, avec toute la rigueur des lois, les capitaines, patrons officiers des navires qui, n'étant ni nord-américains, ni montés par un équipage aux deux tiers américains, seront capturés exerçant des actes de guerre contre l'Espagne, même s'ils sont pourvus de lettres de marque délivrées par la République des Etats-Unis“ (Revue générale V, 1898, S. 761, N. 1).

dafs die autorisierte Kaperei eines nicht dem autorisierenden Staate angehörenden Schiffes nicht Piraterie im Sinne des Völkerrechts ist. Die Dokumente sind sämtlich Erklärungen kriegführender Staaten an den Feind; sie enthalten die Drohung, angeblich völkerrrechtswidrige Bestandteile der feindlichen Seestreitkräfte nach Strafrecht zu behandeln[1]. Von einem internationalen Schutze gemeinsamer Interessen ist gar nicht die Rede.

Es bleibt noch die Frage[2], ob der den angeführten Entschliefsungen einzelner Mächte zu Grunde liegende Gedanke der Völkerrechtswidrigkeit der Autorisierung fremder Schiffe in der Tat geltendes Völkerrecht ist. Die alten holländischen Gesetze haben offenbar nicht vermocht, die Ansicht der völkerrechtlichen Zulässigkeit der durch sie bedrohten Handlungen dauernd zu beeinflussen (s. o. N. 4, S. 102); noch die britischen und französischen Prätensionen an der Wende des 18. und 19. Jahrhunderts wurden als ein Verstofs gegen „settled principles of international law" empfunden (s. o. N. 1, S. 105); das amerikanische Gesetz von 1847 beschränkt sich auf die Kriminalisierung des Tatbestandes für den Fall, dafs der Heimatstaat des Täters vertragsmäfsig die Strafwürdigkeit zugestanden hat[3], scheint

---

[1] Vgl. auch Pradier-Fodéré, § 2505: „Il est bien évident qu'un Etat . . . assimilant aux pirates les nationaux de Puissances étrangères avec lesquelles il est en paix, qui prendraient d'Etats tiers des commissions en course contre lui . . ., pourvoit à sa propre défense, à sa propre sûreté, mais ne peut pas imposer aux Puissances étrangères, qui n'ont pas les mêmes intérêts que lui, les dispositions des lois qu'il a faites."

[2] Das folgende gehört schon nicht mehr zur Abgrenzung des völkerrechtlichen Tatbestandes der Piraterie.

[3] S. o. S. 105, N. 3. Pradier-Fodéré, § 2504 und Hall, S. 263, übersehen auffälligerweise diese wesentliche Beschränkung. — Das Gesetz ist nicht leicht verständlich. Ist die Erteilung der Kaperbriefe unzulässig, so liegt kein Grund vor, die Strafdrohung auf Fälle zu beschränken, in denen der Heimatstaat sich seinerseits verpflichtet hat, die Annahme durch seine Untertanen zu verhindern; ist sie zulässig, so ist der Empfänger der Kommission als rechtmäfsiger Feind zu behandeln. Pradier-Fodéré, § 2505 und Travers Twiss, Int. Law II, S. 419, betrachten denn auch (unter Zugrundelegung der zweiten Alternative) die Bestrafung der Besatzung trotz Bestehens eines Vertrages des in dem amerikanischen Gesetze bezeichneten Inhalts als völkerrechtswidrig. Ihrer Ansicht dürfte beizutreten

ihn also im allgemeinen nicht für widerrechtlich zu halten; die in der Tat allgemeine Drohung Baudins 1839 galt einem — zu damaliger Zeit — zerrütteten und für ein legales Vorgehen von ihm herangezogener fremder Abenteurer keinerlei Garantieen bietenden Staate; und der gleichfalls allgemeine Artikel des spanischen Dekrets von 1898 endlich war von vornherein unpraktisch. Die Frage spitzt sich schliefslich dahin zu, ob man die Haltung Frankreichs 1839 und die Spaniens 1898 als genügenden Ausdruck einer allgemeinen völkerrechtlichen opinio necessitatis betrachten und zugleich darin einen für die Entstehung eines Gewohnheitsrechtes ausreichenden usus sehen will[1]. In der Erwägung, dafs auch die neutralen Mächte an dem Rechtszustande interessiert sind, da sie die Ausübung der Rechte der Kriegführenden gegenüber ihren Schiffen durch unrechtmäfsige Bestandteile der Streitmacht nicht zu dulden brauchen, dafs aber autoritative Erklärungen Neutraler über die Unzulässigkeit der Verwendung fremder Kaper gänzlich fehlen, wird man die Frage verneinen müssen.

Allgemeine völkerrechtliche Grundsätze stehen dieser Entscheidung nicht entgegen. Deklamationen über das Prinzip des Krieges als eines die ganze nationale Kraft, aber auch nur diese anspannenden Kampfes der Nationen, wie sie Ortolan bringt, der erste literarische Verfechter der Ansicht, die in dem nicht staatszugehörigen Kaper einen Piraten nach Völkerrecht sehen will, können das positive Völker-

---

sein. Doch ist zu beachten, dafs die Behandlung des Kapers nach droit de guerre nur dem Kriegsgegner, nicht auch dem Heimatstaate des Kapers gegenüber rechtswidrig ist, da dieser durch den Vertrag gebunden ist, sein Schutzrecht nicht auszuüben (Wortlaut der Verträge: „il sera puni comme pirate,“ „sous peine d'être considéré et traité comme pirate“); die Beschränkung des amerikanischen Gesetzes hat also immerhin einen guten Sinn.

[1] Die französische und die spanische Erklärung differieren darin, dafs die Forderung nationaler Bemannung in der einen absolut, in der anderen alternativ mit der der Staatsangehörigkeit des Schiffes aufgestellt wird. Die Note Baudins, nach Inhalt und Ton ein Produkt europäischen Überlegenheitsgefühls, droht, auch mexikanische und mit Inländern bemannte Kaperschiffe als Piraten zu behandeln, wenn sie nicht in Mexiko ausgerüstet sind.

recht nicht beseitigen, das die Verwendung fremder Schiffe so wenig untersagt wie den Kriegsdienst nicht staatsangehöriger Personen[1]. Zuzugeben ist Ortolan nur, dafs dem nicht dem kriegführenden Staate angehörigen an der militärischen Aktion teilnehmenden Schiffe, da es den Schutz seines Heimatstaates nicht beanspruchen kann, ein wahrer nationaler Charakter fehlt; aber es ist anzunehmen, dafs es für die Zeit der Kommissionierung zu dem autorisierenden Staate gegenüber dritten Mächten in demselben völkerrechtlichen Verhältnis steht wie dessen Nationalschiffe[2] (s. darüber § 12 II u. III).

§ 16. Der Handel mit Negersklaven.

Die Perhorreszierung der Sklaverei führt auf den Gedanken der Anerkennung eines jeden Gliedes des Menschengeschlechts als einer unverletzlichen und schutzwürdigen Persönlichkeit zurück, ein Prinzip also, das in den modernen Landesrechten zu allgemeiner Durchführung gebracht ist und dem Völkerrechte zu Grunde liegt (s. o. § 6 I). Die Anpassung des innerstaatlichen Personenrechtes an dieses Prinzip interessiert hier nicht. In Rücksicht auf die internationalen Beziehungen läfst es die Unterdrückung der Sklaverei als ein gemeinsames sittliches Interesse der Kulturvölker erscheinen. Dieses Interesse hat sich zwar nicht so stark erwiesen, dafs es zur Bildung eines die Abschaffung der Sklaverei für eine völkerrechtliche Pflicht erklärenden Rechtssatzes geführt hätte, hat aber immerhin eine steigende Zahl von Nationen veranlafst, eine vertragsmäfsige Verpflichtung zur Unterdrückung des Handels mit Negersklaven und damit zur Verstopfung der heute allein noch wesentlichen Quelle der Sklaverei zu übernehmen. Soweit diese

---

[1] Ortolan I, S. 243: „Comment, tandis que l'état reste neutre, les sujets particuliers de cet état prendraient-ils partie pour l'un ou pour l'autre des belligérants?“ Das Völkerrecht hat allerdings nichts dagegen einzuwenden.

[2] So Hall, S. 263, 264; Pradier-Fodéré, § 2504 („ce navire est couvert, du moins vis-à-vis des Puissances tierces, par la commission qu'il a obtenue“).

vertraglichen Verpflichtungen reichen, ist der Sklavenhandel ein völkerrechtswidriges Unternehmen (vgl. oben § 8 III).

Piraterie und Sklavenhandel ist gemeinsam, dafs beide gegen die grofsen Gesamtinteressen der Kulturwelt verstofsen. Während dieser aber in erster Linie sittlichen Forderungen zuwiderläuft, widerspricht jene wirtschaftlichen Notwendigkeiten, und wenn jene von allen Nationen ohne Ausnahme bekämpft wird, ist dieser nur partikulär als völkerrechtswidrig gebrandmarkt.

Das Mittel der Unterdrückung des Sklavenhandels zur See ist die Visitation und Beschlagnahme verdächtiger Schiffe. Das fernere Verfahren ist aber nicht wie bei der Piraterie ausschliefslich von dem Landesrecht des Nehmestaates abhängig, sondern die Verträge sind besorgt, die Aburteilung durch den Heimatstaat des beschlagnahmten Schiffes herbeizuführen.

Da hiernach Grund, Umfang und Mittel der Repression des Sklavenhandels und der Piraterie wesentliche Verschiedenheiten zeigen, so ist die Auffassung des Sklavenhandels als Piraterie oder Quasipiraterie[1] nicht zulässig. Erklären ihn gleichwohl einzelne Verträge[2] oder Gesetze dafür, so kann eine solche Betrachtungsweise völkerrechtlich nur die Bedeutung einer Vergleichung verwandter aber ungleicher Erscheinungen beanspruchen; landesrechtlich mag sie zur Begründung der Kompetenz der heimischen Strafgerichtsbarkeit oder zur Bestimmung des Strafmafses dienen[3].

Nichtsdestoweniger ist der Begriff der Piraterie für die Unterdrückung des Sklavenhandels von grofser historischer Bedeutung gewesen, insofern die Zulässigkeit des Eingriffs

---

[1] Die letztere Ansicht bei Perels, S. 110. Über die Geschichte der Identifizierung siehe Pradier-Fodéré, § 2513 f.

[2] Quintuplevertrag vom 20. Dez. 1841, Art 1.

[3] Das Landesrecht regelt fast durchweg Piraterie und Sklavenhandel unabhängig voneinander (eine Übersicht über die gegen den Sklavenhandel gerichteten Landesstrafgesetze gibt Kaysel, Die Gesetzgebung der Kulturstaaten zur Unterdrückung des afrikanischen Sklavenhandels, Breslau 1905). Abweichend nur das englisch-amerikanische Recht, s. o. S. 35, N. 5.

zwecks Verfolgung der Piraterie im Anfang des 19. Jahrhunderts der einzige Fall eines Visitationsrechtes in Friedenszeiten war, die einzige vermittelnde Beziehung zwischen dem nach langen und schweren Kämpfen endlich zum Siege gelangten Prinzip der Meeresfreiheit und einem im allgemeinen Interesse liegenden System internationaler Seepolizei[1].

§ 17. Verletzungen unterseeischer Telegraphenkabel.

Wie die Vertiefung seiner sittlichen Interessen den Menschen die Unterdrückung des Sklavenhandels als eine moralische Notwendigkeit erkennen heifst, so macht die Erweiterung seiner ökonomischen und politischen Beziehungen über den ganzen Erdkreis hin einen wirksamen Schutz der internationalen Verkehrseinrichtungen zu einem wirtschaftlichen Bedürfnis. Seiner Befriedigung dienten, soweit Einrichtungen der internationalen Seepolizei in Frage kommen, bis in die neueste Zeit ausschliefslich die völkerrechtlichen Rechtsnormen über die Piraterie. So ist verständlich, dafs, als das neu entstandene Netz der unterseeischen Telegraphenkabel neue Rechtssätze zu seinem Schutze verlangte, die ersten diplomatischen Schritte sich in der Richtung einer Erweiterung des Pirateriebegriffs auf die zu reprimierenden Handlungen bewegten[2]. Die Kabelkonvention vom 14. März 1884 und die zu ihrer Ausführung ergangenen Landesgesetze, das schliefsliche Ergebnis der Verhandlungen, haben sich von diesem Gedanken frei gemacht. Immerhin hat sich auch hier wie in der Bekämpfung des Sklavenhandels der Pirateriebegriff wertvoll erwiesen, insofern die Anknüpfung an ihn dem neuen Rechtsgebilde das Odium des Unerhörten nahm.

---

[1] Vgl. Cauchy, Le droit maritime international, 1862, II, S. 388: „Assimiler la traite des noirs à la piraterie, c'était, suivant elle [l'Angleterre], le moyen de faire rentrer sous l'empire de principes déjà reconnus un fait anormal.“

[2] Siehe darüber Renault, De la protection internationale des câbles télégraphiques sous-marins, Revue de droit international XII, S. 251 f. (S. 258—265) und Scholz, Krieg und Seekabel 1904, S. 5 f.

Quellenregister.

(Gesetze, Verordnungen, Seerechtsbücher, allgemeine Dienstinstruktionen.)

Brasilien.

England.

FSC
www.fsc.org
MIX
Papier | Fördert
gute Waldnutzung
FSC® C083411

Kolibri 360 GmbH
Ferdinand-Jühlke-Straße 7
99095 Erfurt, Deutschland
produktsicherheit@kolibri360.de

Druck:
CPI Druckdienstleistungen GmbH
im Auftrag der
Kolibri 360 GmbH
Ferdinand-Jühlke-Str. 7
99095 Erfurt